소울메이트의 여정

국립중앙도서관 출판시도서목록(CIP)

소울메이트의 여정 : 고계자 수필집 / 지은이: 고계자. --
서울 : 수필과비평사, 2013
   p. ;   cm

ISBN 978-89-98524-21-0 03810 : ₩11500

한국 현대 수필[韓國現代隨筆]

814.7-KDC5
895.745-DDC21   CIP2013000934

소울메이트의 여정

고계자 수필집

수필과비평사

■ 책머리에

　조용히 추억의 페이지를 열어 봅니다. 조심스럽고 부끄러운 마음으로 소박하게 펼쳐 보고 싶습니다. 언제부터인지, 등단 10여 년인데 수필집을 내야 하지 않겠느냐는 주위의 권고가 잇달았습니다. 그러다보니 나 자신도 어서 내야 한다는 강박관념에 사로잡혀 머리가 무거웠습니다. '반드시'라는 의무는 물론 없지만, 무엇인가를 이룩해야 한다는 책임감 같은 것도 있어서 조바심이 나기도 했습니다.
　그동안 아이들이 다 자라 자리를 잡았습니다. 비로소 나는 평온한 마음으로 지금까지 써 놓은 원고들을 정리할 수 있었습니다. 그러면서 내가 바란 것은, 어린 소년, 소녀가 만나 영혼의 벗(soul-mate)으로 걸어온 우리 인생의 여정을 사실대로 드러낼 수 있었으면 하는 것이었습니다. 그러나 문장은 거칠고 표현은 아둔하여 뜻대로 되질 않았습니다. 그렇다고 무엇을 원망하겠습니까, 다 내 탓인데-.
　부실한 나 만나 많이 힘들었을 남편, 고맙습니다. 잘 자라

준 우리 아이들, 이 책을 내는 데 물심양면으로 힘이 되어 주어서 고맙구나. 그리고 할머니가 힘들어할까 봐 늦게까지 타이핑해 준 내 사랑하는 손녀 현지도 참 고맙고-. 내 글을 무섭게 비평해 주시는 문우들, 세심히 살펴주시는 정진권 선생님, 내게 수필의 길을 열어 주신 고故 정봉구 선생님도 모두 고맙습니다.

    그리고 훌륭한 사진을 제공해 주신 이태종 목사님, 정말 감사합니다.

    끝으로 부실한 글이지만 호의로 대해 주신 ≪수필과비평≫ 사의 서정환 사장님, 그리고 편집진 여러분의 노고에 감사를 드립니다.

2013년 새봄
지은이

차례

책머리에 • 4

1 인연

아버지의 바다 • 13
청국장 냄새 봄바람 타고 • 18
초대받지 않은 손님 • 23
노을을 보며 • 29
사위 이야기 • 33
아버지와 아들 • 38
언니의 정情 • 42
어데기의 뜻은 • 48
히로시마의 정 • 55

2 사랑

비와 여인 • 61

하상夏想 • 64

그대를 사랑합니다 • 68

눈물 • 71

오색 무지개 • 73

행복 그리고 사랑 • 77

살아간다는 것 • 81

45세의 생일(추억의 책갈피) • 85

짧은 글 모음 • 90

딸의 소포 • 95

3
여정

에게 해의 추억 • 101

소울메이트의 여정 • 108

추억의 봄날 • 113

음악회 유감有感 • 117

박물관 소묘素描 • 122

3박4일 • 126

제사 • 132

배낭 여행 • 136

119 소동 • 140

생년월일生年月日이 언제지요 • 144

4 가족

변함 없는 친구 같은 동생댁 | 김경애 • 151
나의 올케 | 김문자 • 154
아버지 영전에 바칩니다(49재를 맞이하여) | 김문자 • 157
클래스메이트에서 소울메이트로 | 김상호 • 160
동호동락同好同樂 | 김상호 • 164
사랑하는 어머님께 | 김한수 • 167
어머니께 드리는 글 | 김정수 • 169
우리 엄마 | 김정진 • 172

작품평설 | 정진권(수필가, 한국체육대학명예교수)
고계자의 첫 수필집 • 175
 − ≪소울메이트의 여정≫의 출간을 축하하며

1 인연

아버지의 바다 | 청국장 냄새 봄바람 타고 | 초대받지 않은 손님
노을을 보며 | 사위 이야기 | 아버지와 아들 | 언니의 정情
어데기의 뜻은 | 히로시마의 정

아버지의 바다

일주일마다 나는 서오릉에 있는 수국사를 찾아 간다. 하늘은 높고 구름은 가을 빛이다. 반짝이는 금부처의 그림자 위로 쓸쓸히 낙엽들이 뒹굴고 있다. 그 낙엽을 밟으며 아버님의 영혼을 위로하기 위해 발걸음을 옮기면서 그분이 살아온 삶의 여정을 반추한다.

올해로 98세. 내후년이면 아버님은 100세가 되신다. 우리는 친척과 형제들이 모일 때마다 가문의 영광인 백수白壽를 성대히 치르자고 상의를 하곤 했다. 그만큼 아버님은 건강하셨다. 70년이 넘게 해오신 국궁國弓으로 다져진 체력을 지니

셨으므로 연로하신 아버님의 건강에 대해 우리는 조금도 걱정을 하지 않았다.

　추석, 그날도 나는 차례 준비에 바쁘게 움직이고 있었다. "따르릉 따르릉." 몇차례 신호가 울렸지만 아무도 전화를 받지 않았다. 웬일인지 울리는 전화벨 소리가 여느 때와 달리 시끄럽게 들렸다. 나는 딸아이 이름을 부르며 전화를 받으라고 소리를 지르다가 아무래도 예감이 이상해 얼른 달려가 수화기를 들었다. 어머님의 당황한 음성이 전선을 타고 가냘프게 들린다. "너의 아버님이 쓰러지셨단다……." 감전되듯 온몸에 경련이 오고 앞이 보이지 않았다. 머리가 아파 식사를 안 하신다고 방으로 들어가신 후 갑자기 쓰러지셨다고 한다. 의식을 잃은 아버님을 급히 중환자실로 옮겼지만 2주 동안 혼수상태로 누워 계시다가 조용히 숨을 거두셨다. 중환자실에서 아버님을 뵈올 때 아들 한수(우리 집안의 장손)의 손을 꼭 쥐며 간절히 무엇인가 이야기를 하시려고 애쓰던 그 모습이 너무나 선명히 클로즈업 된다.

　시집온 지 34년 동안, 내가 본 아버님은 곧은 대나무셨다. 체격도 건장하시고 바르게 걸으셨지만 생각이나 인생관은 죽심竹心이셨다. 항상 청빈과 절약을 앞세우며 곧고 바르게 살기를 역설하셨다.

아버님은 젊었을 때부터 사정射亭에 나가 활을 쏘셨는데, 집으로 돌아오실 때마다 돌멩이를 하나씩 가져오셨다. 그것을 모아 운영하시던 소주 공장의 담을 쌓고 마당에는 돌을 깔았다.

그렇게 몸에 밴 근검 절약정신은 누구나 쉽게 흉내 낼 수가 없으리라고 생각된다. 그러한 투철함 덕분인지 오히려 하시는 사업은 더욱 번창하였다니, 아버님의 철학이야말로 우리 자손들이 본받아야 할 가장 큰 덕목이다. 70평생 활을 쏘며 체력을 단련하고 가업에 전념하셨을 뿐 아니라 이웃을 도우며 봉사하는 삶을 살아오셨다. 주위의 어려운 이웃에게 베푸신 그 은덕은 헤아릴 수 없는 자비의 바다이다.

색즉시공色卽是空 공즉시색空卽是色. 모든 유형의 사물은 공허한 것이며 공허한 것은 유형의 사물과 다르지 않다는 말이다. 새가 새가 아니고 오늘 핀 분홍 코스모스가 코스모스가 아니듯이 생生과 사死도 둘이 아니고 하나인 것이다. 가고 돌아오는 윤회輪廻의 이치가 그 글 속에 있는 것이다. 아버님의 철학과 부합되는 그 삶을 다시금 되새겨본다.

윤회와 반야심경의 도리를 풀어본 글이 색즉시공 공즉시

색이다. 인간은 육신의 인연으로 이 세상에 와 있지만 영혼이 빠져 나가면 따뜻한 육체는 바람으로 빠져 나가고 우주의 화기火氣로 돌아간다. 또한 피와 눈물은 수기水氣로 가고 우리를 구성하는 뼈와 살은 한 줌의 흙으로 돌아간다. 이것이 색즉시공 공즉시색의 도리인 것 같다. 결국 모든 인간의 육체는 우주의 물질로 되돌아가고 영혼은 사바세계에 안착하여 왕생의 기틀이 될 수 있는 것이다. 아버님의 청빈한 일생과 적절한 조화를 이루는 구절이다.

인수대비가 큰아들 숭의 넋을 기리며 온갖 열과 성을 다 바쳐 이룩한 수국사에 아버님 위폐를 모셔 놓았다. 유서 깊은 사찰이어서인지 절에서 울리는 목탁 소리와 풍경 소리가 은은하고 낙엽을 밟으며 걸어가는 불자들의 뒷모습에서 경외감이 절로 일어난다.

조용히 두 손 모아 삼배를 하고 다시 아버님을 생각한다. 갓 시집온 며느리를 앉혀 놓고 제사 모실 때 필요한 지방과 축을 쓰는 법을 가르쳐 주시던 아버님, 경상도 사투리에 익숙지 못해 대화를 이해하지 못하고 엉뚱한 짓을 곧잘 저지르던 며느리였지만 항상 포근히 감싸 주시던 아버님이셨다. 첫 아기를 낳았을 때 김씨 가문의 첫손자라고 무척 기뻐하시며 함박웃음을 지으시던 그분의 표정을 잊을 수가 없다. 곁에서 정성으로 봉양해 드리지 못했지만 두 분이 조용히 시골에서 젊은 부부들처럼 오순도순 신혼의 모습으로 살아가시는 것을 보며 말년의 행복이란 이런 것이구나 느끼기도 했다.

  오랜 세월 인생을 살아오면서 쌓은 체험과 경험은 그대로 우리에게 귀감이 되어 일일이 말씀이 없으셔도 가정을 이끌어 가는 지혜와 어려움을 극복하는 방법을 제시해 주기도 했다.

  "아버지는 아버지다워야 하고 자식은 자식다워야 한다."라고 가르친 옛 성현의 말씀과 같이 아버님은 살아오신 그 자체로 우리에게 산 교육을 실천한 분이셨다. 나와 남편의 삶의 발자취가 훗날 우리 아이들에게 어떻게 비추어질지 걱정스럽고 조심스럽다.

  "헤어질 때 돌아보지 않는 것은 너무 헤어지기 싫기 때문입니다. 그것은 헤어지는 것이 아니라 같이 있다는 말입니다."

  한용운의 시 〈인연설〉에 나오는 한 구절이다. 헤어짐 없이 언제나 같이 있는 우리의 세계가 어딘가에 있으리라는 막연한 믿음 속에 나는 또 아버님을 생각한다.

(2000)

청국장 냄새 봄바람 타고

구수한 청국장 냄새가 불어오는 봄바람을 타고 온 집안에 가득하다. 보글보글 끓어 넘치는 멸치 국물에 두부를 넣고 파를 써는데 자꾸만 눈물이 흐른다. 남편과 아이들을 위해 열심히 준비하는 저녁 식탁이지만 아버지 생각에 한편 가슴이 텅 빈 것같이 저며드는 슬픔을 느꼈다.

아버지께서 그렇게 좋아하시던 된장찌개를 한 번 더 따뜻하게 끓여 드리지 못한 자책감이 나를 더욱 우울하게 한다.

몇 주 전, 친정아버지께서 돌아가셨다. 항상 건강하셔서 돌아가시기 며칠 전에도 "모레 들르마." 전화를 하셨었다. 그 정다운 음성이 지금 허공을 타고 들려와 마음을 아프게 한다.

친구 분들과의 점심 모임에 나가서 식사를 하고 헤어지셨다는데, 저녁에 갑자기 배가 아프고 열이 난다고 연락이 왔다. 황급히 달려가 보니 심상치가 않아 대학병원으로 모시고 갔다. 한마디 유언도 없이 아버지는 혼수상태에 빠져 계셨다. 의사들은 특별한 조치도 없이 단지 인공호흡만 시키고 있으니 불길한 예감이 나를 감쌌다.

노령이신데 심근경색이라 어떻게 해볼 수가 없었다. 큰오빠가 당도하신 후에 산소 호흡기를 제거하니 그냥 숨을 거두셨다.

생전에 12남매를 두시고 그 많은 자식들 기르시느라 고생이 이만저만이 아니었다. 그러나 그 많은 자식이 잘되는 것을 보고 즐거워하시던 우리 아버지셨다. 내가 중학교 때 돌아가신 어머니를 생각해 보면 그때는 어렸던 탓인지 고통과 슬픔을 잘 몰랐다.

이제 나이 오십 고개에 아버지 상을 당하고 보니 아버지 생전에 우리를 위해 심려하신 일이 생생하다. 아버지는 무시로 12남매의 앞날을 위하여 그 행복을 빌며 기도하셨다. 그 노심초사하신 심정을 조금은 알 것 같다.

우리 형제가 여덟 명, 그중 막내 태어난 지 오일 만에 어머니는 해산 후유증으로 돌아가셨다. 할머니의 눈물과 한숨으로 자라는 막내를 보며 우리는 모두 그를 미워하였다.

"저 애 때문에 어머니께서 돌아가신 거야." 하며…….

이렇게 줄줄이 어린 팔남매를 훌륭히 키우기 위해 아버지께서는 얼마나 정신적으로 또 육체적으로 힘이 드셨을까. 다시 새어머니가 오셔서 또 사형제를 낳았다. 그래서 우리 형제는 열둘이 되었다. 그 열두 남매를 다 대학까지 졸업시키고 버젓하게 사회의 일원으로 자리를 찾을 수 있도록 이끌어 주셨다. 그 아버지의 노고와 은혜는 설명할 필요가 없다.

동생이 고시에 합격했을 때 그렇게 기뻐하시던 아버지, 남편의 사업실패로 내가 상심의 나날을 보낼 때 용기를 주시며 삶의 지혜를 일깨워 주시던 아버지. 지금의 고생이 인생의 조그만 한 부분인 것을 강조하시던 음성과 자애로운 미소가 언제까지나 나의 눈가를 촉촉이 적신다.

남편이 취직을 해서 재기하고 훌륭히 직장의 상사로 활약하던 시절, 아버지는 늘 내 곁에서 조용히 바라보셨다. 병환이 좀 더 일찍 발견되어 병원에 입원도 오래도록 하시고 열두 남매의 간호를 받으며 지성 어린 우리들의 효도를 받으셨던들 이러한 아쉬움도 없었으련만…….

자식과 며느리의 짐이 되지 않기 위해 서둘러 이별을 하신 것 같아 야속하기도 하지만, 고통 없이 영면할 수 있었던 것은 아버지의 천복인 것 같다.

  효도에는 두 가지 종류가 있다고 한다. 부모를 정신적으로 편안하게 해 드리는 양지養志의 효와 육체적으로 쾌적하게 해 드리는 양구체養口體의 효이다. ≪논어≫에 이런 대목이 있다. 제자인 자유子遊가 효에 대해서 물으니 공자가 말하기를 "오늘날의 효는 부모를 잘 먹여살릴 수 있는 것을 말하는데 그것은 잘못된 생각이다. 개와 말도 집안에서 먹여 기르지 않느냐. 공경하지 않는다면 무엇으로 구별이 되겠는가."라고 하셨다.

  그러니까 맛난 음식으로 구미를 맞추어 드리고 값진 의복을 해 드려서 겉으로 화려하게 효도를 하는 것보다는 부모의 뜻을 받들어 정신적으로 안락하게 하는 것이 더 큰 효도라는 뜻이다. 과연 나는 아버지가 살아 계실 때 어떠한 효를 행하였는지 자성하게 된다.

  돌아가신 어머니와 새 어머니, 그 속에서 우리 형제들이 복잡했던 감정의 기복을 표출할 때 묵묵히 우리들의 마음을 어루만져 주시던 자애로운 아버지의 손길은, 이제 효孝를 생각하는 나의 마음에 회색 슬픔이 되어 내려앉는다.

아버지를 뵙기 위해 주일마다 절에 간다. 그리움과 슬픔이 어우러져 외로운 마음이지만 상쾌한 공기 속으로 산길을 걷고 또 걷는다. 사십구재까지는 위패를 절에 안치한다. 아버지의 제사를 드리며 절에 모신 사진을 뵈올 때마다 가슴이 저미도록 아프다. 부디 극락세계에서 편안히 왕생하시기를 기구한다.

지금의 나는 과연 아버지가 나에게 베푸신 사랑의 절반이라도 나의 아이들을 위해 헌신하고 있는지 반성도 한다.

집안 가득 차 있던 청국장 내음이 환기통을 통해 거의 다 빠져갈 즈음, 나도 가슴에 꽉 차 있던 아버지의 환상으로부터 깨어난다. 그렇게 생전에 즐겨 잡수시던 청국장찌개 냄비에 아버지의 얼굴이 어리자 울음이 북받친다. 두 눈에 흐르는 눈물을 닦으며 아버지가 극락세계에서 언제까지나 편안하시기를 비는 마음뿐이다.

아버지, 부디 편히 주무세요.

(1999)

초대받지 않은 손님

　우리를 슬프게 하는 것은 죽음이란 영원한 이별을 의미하기 이전에 하나뿐인 목숨을 잃는다는 것이다. 생명 그 자체는 존귀한 목적이고 본질이다.

　주룩주룩 내리는 봄비가 온 세상을 감싸는 5월의 거리를 나는 하염없이 걷고 있다. 병실의 육중한 벽돌의 차디찬 시선과 하얀 가운, 그리고 언니를 생각한다.

　지금부터 5개월 전 언니는 암을 선고받았다. 초대장도 없는 반갑지 않은 손님이 언니에게 찾아온 것이다. 절차와 순서를 무시하고 찾아온 손님은 너무나 비정했다. 자궁에 물혹이 있어 간단하려니 생각하고 한 제왕절개수술 중에 생각지 않게 발견된 암세포였기에 가족과 가까운 친척들은 다 함께 할 말을 잊고 침묵했다. 나는 누구보다도 더 경악했고 충격도 한층 컸다. 언니는 암과의 처절한 전쟁을 시작했다. 반드시 살아야 한다는 생명에의 의지로 투병생활을 시작했다.

절개수술, 방사선 치료 그리고 항암주사는 암 환자에게 반드시 거치는 하나의 코스였다. 자신의 존재와 삶의 터전을 지키려는 언니의 투병생활은 전쟁 그 자체였다. 수술 후 병원에서는 방사선 치료를 권했고, 그후 까맣게 윤기 흐르던 언니의 머리는 듬성듬성 빠져 나가 민둥머리가 되어 버렸다.

어느 날 병실에 찾아간 나를 보고 언니는 빙그레 웃으며 이렇게 말했다.

"나 이쁘지?"

형부가 사다준 회색모자를 쓴 그녀의 모습은 너무 예뻤다. 일생을 살아오며 이렇게 아름다운 언니의 모습은 처음이었다. 언니의 조용한 미소와 편안한 마음이 아마도 그렇게 순수한 미인으로 보이게 한 것 같다. 그러나 그것도 잠시 다시 항암주사 치료가 계속되며 조용한 미소는 찢어진 종이처럼 너덜거리며 제 조각을 찾기가 어려웠다. 너무나 고통스러운 싸움이었다.

사람이 산다는 것은 무엇일까. 손에 잡힐 듯 알 것 같다가도 오리무중으로 막막하고 절벽 앞에 선 기분이다. 또한 고독이란 무엇일까. 본질적으로 불가능한 고독, 사람에 시달리고 그 관계에 진저리를 치며 세상을 버리고 산으로 가는 사람이 있지만 거기서도 완전무결한 고독은 누리지 못한다. 꿈과 낭만에서는 고독이 있지만 인간의 실존實存에서는 고독의 여지가 없다.

포우프 시인은 〈고독〉에서 "……보이지 않는 곳에 남 몰래 살다 죽으면 통곡 없이 가고 싶어라. 이 풍진 세상을 외면했으니 돌 하나도 나 누운 곳 못 일러주리."라고 노래하고 있다.

산다는 것이 무엇인지 윤곽이 떠오르지 않는다. 다만 태어난 사람은 반드시 죽는다는 사실만 감지하고 있다. 어떤 사람은 종교적으로 생각하여 영생불멸을 얻을 수 있다고도 한다. 생자필멸生者必滅, 회자정리會者定離가 온 세상의 법칙인 것을 나는 느끼고 있다. 죽음이란 그저 아쉽고 두렵게 느껴질 뿐이다.

생과 사 그리고 고독, 사람은 어느 범주에서 이 삶 속에 내재된 단어를 이해하며 그것을 영위해야 할 것인지 헤아리기 어렵다. 사람은 죽기를 싫어한다. 어떤 이는 죽는 편이 더 나을 것 같은데도 살기를 바란다. 이것은 인간이 영원을 동경하는 피조물이기에 어쩔 수가 없다. 아니 암 때문에 많은 부분의 장기를 잘라 낸 사람도 살기를 원한다. 언니도 역시 살기를 원하는 한 인간이기에 나는 더 간절한 마음으로 언니의 완치를 갈망하고 있다.

며칠 전 친정아버지 산소에 다녀왔다. 차창 밖으로 지나는 오월의 신록을 바라보며 저 푸름이 하얗게 보이는 것은 단순한 색깔의 변화일까 물감의 조화인가 혼돈이 왔다. 산소에 도착해 아버지께 술을 올리고 오랫동안 엎드려 절을 했다. 그리고 흐느끼며 아버지께 빌었다.
"아버지, 언니는 빨리 데려가지 마세요. 외로우시겠지만 아버지 곁에 가기에는 너무 젊잖아요." 하면서.
어머니를 일찍 여읜 우리 팔남매에게 언니는 어머니와 같은 존재였고 희로애락의 구심점이 되어 모두에게 골고루 사랑을 주었다. 산소에서는 아버지에 대한 그리움과 슬픔이 어우러져 외로운 마음이었지만, 산길을 걸어 나오며 상쾌한 공기 속에 내 마음을 달래기도 했다. 아버지의 커다란 힘이 작용하여 우리 집안의 기둥이 건재할 수 있게 해달라고 무수히 기원했다.

옛 성현은 '아침에 도를 들어 깨닫기만 하면 저녁에 죽어도 좋다.'고 가르치셨다. 그 말은 동물적으로 백 년을 사느니보다는 정신적으로 하루를 사는 것이 보람 있다는 뜻이다. 그러나 지금의 나는 아침에 도를 깨닫지 못하더라도 오래오래 주위의 사람들과 인연을 유지하며 정과 사랑으로 화목하게 지내는 평범한 삶이 더욱 중요하다는 생각이다.

부모에게 물려받아 태어난 생명은 아메바의 단순함을 지나 복잡하고 미묘한 감정의 기복을 겪으며 살아간다. 우리는 이 삶이라는 하나의 숙제를 풀기 위해 삶에 도전한다. 그 명제를 해결하기 위해 때로는 질시하고 투기하고, 모함하며 살아 남으려고 노력한다. 그러나 죽음이라는 절대자 앞에서는 속수무책이다. 초대하지 않은 손님을 추방하지도 못하고 동거하며 오열할 뿐이다.

투병하는 언니를 위해 나는 아무것도 할 수가 없다. 그저 말없이 지켜볼 뿐이다. 얼마나 무기력한 삶인가……. "여보게, 이 땅에 다시 오려나 그리운 사람 있다면" 어느 스님의 말씀을 떠올리지 않더라도 이 땅에 그리운 사람들이 모두 모여 편안한 삶을 희구하는 모습들이 보고파진다.

   삶이란 어디서 왔으며 간다는 것은 어디로 돌아감인가. 주룩주룩 내리는 봄비 속을 언니 생각에 잠기며 나는 병원으로 가고 있다.

※ 추신: 법당에 들러 삼배하고 돌아가신 언니께 이 글을 바칩니다.

(2000. 5.)

노을을 보며

진료실 문을 밀치고 들어갔다. 자리에 앉아 결과를 듣고 있다. "갑상선암입니다." 아주 쉽게 의사의 이야기는 흘러나왔다. "빨리 수술해야 합니다. 이비인후과로 넘겨드리지요. 그곳에서 수술 일자를 받으세요."

담담하게 이야기하는 의사의 목소리에 나는 할말을 잃었다. 돌아서 나오는데 앞이 캄캄해져왔다. 사방이 절벽이다. 내가 뛰어내려야만 하나……. 옆의 남편을 바라보니 그도 조용하다. 우리가 예상하지 않은 것은 아니다. 다만 약물치료가 가능했으면, 아니 종양이 물혹이었으면 하고 바랐다. 모두가 허사다, 의사가 내린 최종 결과는 암이다.

돌아오는 차속에서 우리 둘이는 대화가 없다. 그이가 나를 위로하는 말이나, 내가 괜찮다고 스스로를 자위하는 이야기들은 생략한 지 오래다. 같이 40여 년을 지내니 대화하지 않아도 서로는 통하고 느꼈다. 비로소 정신을 차리니, 가장 얌전한 암이니 생명에는 지장이 없고 자신의 수명 대로 다 살 수 있다는 의사의 이야기가 귓가를 맴돈다. 남편은 아들과 딸에게 전화하기 바쁘다. 사연을 설명하고 대책을 강구하나 보다. 아무런 이야기도 들어오지 않는다.

몇 년 전 그이가 전립선암으로 대학병원에서 수술을 받던 일이 떠오른다. 몹시 당황하고 어찌할 줄 몰라 쩔쩔매던 기억이 선명하게 뇌리를 스친다. 수술실로 그이를 보낸 뒤 홀로 병원 지하 기도실에 가 하나님께 열심히 기도드리던 생각도 난다. 수술이 무사히 끝나서 회복이 빨리 될 수 있도록 기도하고 또 기도했던 일이다. 이제는 위치가 바뀐 것 같다. 그이가 나를 위해 기도해야 할 것 같다. 나처럼 그렇게 절박한 심정으로 그이도 기도할 수 있을는지…….

인생이 즐거울 때나 슬플 때나 주기적인 순환작용을 한다더니, 이제는 내가 '죽음'이라는 명제를 가지고 고민하고 있다. 물론 고민한다고 해결이 되는 것은 아니다. 그러나 죽음에 대한 상념이 많아지는 것은 어쩔 수가 없다. 만일에 수술이 잘못된다면 내가 준비할 것은 무엇인지, 생각에 생각이 꼬리를 문다. 그이도 몇 년 전에 나의 이런 복잡한 심정을 거쳐 갔을 거라 생각하니, 좀 더 배려하지 못한 내 자신이 미워진다.

창가에 앉아 저녁노을을 바라본다. 어쩜 저렇게 아름다울 수가 있을까. 저녁노을은 점점 대지를 덮으며 다가오는 어둠 속에 서서히 모습을 감춘다. 바라보는 동안 불빛과 별빛이 하늘에 가득하다. 저녁노을을 보는 것은 어깨의 짐을 내려놓는 연습을 하는 것이다. 우리도 언젠가는 인생의 모든 것을 내려놓아야 할 때가 올 것이라고 생각은 하지만, 막상 우리가 옷을 벗는 일은 그리 간단하지는 않다. 그저 매일 저녁마다 노을을 보고 허리를 펴며 살아온 영혼이 인생의 저녁에 편안함을 얻기를 기도하고 싶다.

초대받지 않은 암이라는 손님이 나에게도 찾아왔다. 몇 년 전 언니가 그 초대에 응해 하늘나라로 떠난 것을 생각하면 지금도 마음이 아프고 서글프다. 그러나 두 번째 손님은 남편에게 용기와 생의 의욕을 더욱 부활시키고 조용히 물러갔다. 이제 세 번째는 내 차례이다. 나도 과연 현명하게 이

사태를 해결할 수 있을는지……. 사랑이란 내 의지와 상관없이 어느 날 문득 손님처럼 찾아오는 귀중한 생의 선물이라 했다. 그러면 죽음이란 무엇일까.

  화려하게 꽃피우고 서럽게 떨어지는 낙엽일까. 아니면 빈자리에 불어오는 바람일까. 조그마한 흔적이라도 좋다. 살아있다는 그 과정 속에서 나를 기억하는 모든 사람이 아름답게 추억할 수 있었으면 한다. 과연 내 삶의 종착역은 어디일까. 끝까지 치열하게 내 자리를 지키고 싶다.

(2012)

사위 이야기

　국어사전을 펴들고 사위와 장모라는 두 단어를 찾아보았다. 항상 정겹게 다가오고 쉽게 부를 수 있는 두 글자의 참뜻은 무엇이고, 내포하고 있는 진실은 무엇일까. 사전은 사위는 딸의 남편이며 사위 사랑은 장모라는 친절한 해석까지 곁들인다.
　딸을 시집보내고 사위를 맞은 지 어언 삼 년이 되었다. 그러나 나는 사위가 항상 어렵고, 불편하고 무엇인가 편치 않으니 나와 그의 관계는 플러스전극이 아니라, 무슨 난해한 마이너스 수학 공식 같다. 다행히 딸아이가 결혼하자마자 태기가 있어 아들을 낳았다.

사위가 외동아들이라 사돈이 손자를 보니 집안에는 항상 웃음이 떠나지 않고 딸에 대한 사돈 내외의 사랑은 아주 각별하다.

그래서 사돈과 딸과의 관계는 화창한 봄날 같은데, 나와 사위의 사이는 서늘한 가을 분위기이니 참으로 아이러니가 아닐 수 없다. 해서 나는 다시 한번 장모와 사위의 관계를 생각해 보기로 했다.

몇 년 전 캐나다에 간 적이 있다. 미국의 동부에서 캐나다의 퀘백까지 가는 여정旅程이었다. 외국 여행을 떠날 때마다 느끼는 감회이지만 일상에서 탈출한다는 것은 매우 즐겁고 신나는 일이다. 무거운 코트를 훌훌 벗고 시원한 아스팔트에 맨발로 내딛는 기분이랄까.

캐나다 킹스톤의 세인트 로렌스 강에 있는 아름다운 섬, 그중에 볼트 섬이 있다. 볼트 섬은 볼트 경이 아내를 위해 만들었다. 당시 400만 달러라는 거액을 들여 1964년 공사를 시작했으나 아내가 죽자 공사를 중단하고 정부에 그 섬을 기증했다고 한다. 너무나 사랑한 아내를 위해 시작한 공사이니 아내가 없는 그 섬의 존재가 무슨 소용 있으랴. 아내에 대한 볼트 경의 지극한 사랑이 피부로 느껴진다.

호수의 물이 무척 파랗다. 어느 조그만 하얀 집이 눈에 띈다. 섬에는 그 집 한 채뿐이다. 현관에서 밖에까지 새파란 물이 철렁거리며 온통 집을 감싸고 있다. 문을 나서면 호수요 걸어야 할 땅이 없으니 완전히 고립된 집이다.

곁에 있는 가이드에게 유래를 들어보니 볼트 경의 장모 집이란다. 유난히 딸을 사랑하는 어머니는 볼트 경과 결혼한 후에도 딸과 같이 지내려 했다. 할 수 없이 볼트 경은 장모를 위해 그 집을 짓고 주일마다 생필품을 사다 날랐다. 격리를 시켰던 모양이다.

미국에서는 사위와 장모가 좋은 사이가 아닌 것 같다. 우리 풍습에는 사위 사랑은 장모라고 열심히 사위를 섬기는데 미국은 그렇지 않으니 확실히 문화의 이질성을 느끼게 한다. 고요한 호숫가 예쁜 성에 그런 가슴 아픈 사연이 숨어 있을 줄이야.

사위에 대한 장모의 사랑에 대하여 친구들과 토론을 한 적이 있다. 그중에는 가장 가깝게 지내야 하고 가장 먼 곳에서 바라볼 수 있는 혜안慧眼을 가져야 한다고 이야기하는 친구도 있다.

사위 사랑이 장모가 아니라 장모 사랑이 사위라고 거꾸로 이야기한다면 이 글의 결론이 나오지 않을까. 평생을 풀어야 할 숙제로 머리까지 어지럽다.

나는 처음부터 다시 생각해 본다. 나는 두 아들을 두었는데 하나도 어렵지 않다. 그런데 사위는 왜 어려운가. 남의 자식이라서, 딸도 없이 외아들로 귀하게 자란 자식이라서? 나는 그 이유를 오래도록 자신에게 묻고 또 묻는다. 그리고 조용히 혼자 결론을 짓는다.

사위를 사위로 생각지 말고 똑같은 내 아들로 여기자. 무조건의 사랑도 사위에게는 부담이 될 수 있으니 항상 아들을 대하듯 편하게 마음 갖자. 내가 어려워하니 사위 또한 내 가까이 다가올 수 없지 않을까. 좋은 이야기든 싫은 이야기든 대화를 갖도록 노력해야겠다. 많은 주위 사람들의 경험담을 통하여 사위와 장모의 벽을 허물기로 혼자 다짐을 한다.

가끔 딸이 구원의 손길을 내민다.

"엄마, 빨리 와. 이 서방이 집에 먹을 것이 하나도 없어서 언제 장모님 오시냐고 야단이야."

18개월 된 아들을 데리고 더위에 고생하는 딸을 위해 나는 부지런히 달려간다. 여러 가지 반찬을 준비해주고 오랜만에 사위 얼굴도 보고 싶지만 내 마음이 편치 않으니 손자에게

뽀뽀를 하고 손을 흔든다.

집에 돌아와 조금 있으니 다시 딸의 전화다.

"엄마, 나야."

"애 아빠가 엄마가 해 주신 닭볶음 요리가 너무 맛있대."

"응! 그러냐."

나는 순간 기쁨에 차올라 저절로 미소가 나온다. 여태까지 머리 아프게 생각하던 장모와 사위 사이는 순식간에 사라져 버리는 것이다. 사위를 위하여 정성을 다해 요리를 만드는 장모, 그것을 맛있게 먹어주는 사위, 그러면 되었지, 뭘 어렵게 생각하자는 것인지 혼자 웃는다.

세월이 가면 나와 사위도 점점 정이 쌓이고 그러노라면 가을날 같던 우리 사이도 봄날같이 따스해지지 않을까.

(2006)

아버지와 아들

남편이 술에 거나하게 취해 들어왔다. 들려오는 발걸음 소리, 초인종 소리가 요란하게 울리더니 커다란 음성이 들리기 시작했다. 현관문을 밀치고 들어오는 모습이 용감한 개선장군이다.

"왜 전화가 안 되지……."

짜증 섞인 목소리가 나온다. 금방이라도 나를 칠 기세다. 깜짝 놀라 방으로 들어오니 따라오면서 버럭버럭 소리를 지른다. 집에 있으면서 수화기 하나 제대로 놓지 않아서 급한 일이 있어도 몇 시간이나 연락을 못했다고 했다. 그럴 수도 있지 않느냐는 나의 대답을 듣고 고함을 지른다. 야단을 치는 그이를 쳐다보며 나는 딸 방으로 피난을 갔다. 술에 취하면 이야기가 많아지는 그이이고 상대가 없으면 또 소리를 지르니 아들이 앞을 막고 나섰다.

"아버지, 전화기 잘못 놓은 것 가지고 엄마를 왜 그렇게 야단치세요?" 하는 아들의 항변에 그이는 몹시 서운한 모양이다. 아들과 몇 차례 고성이 오고 갔다. 옆에 있던 눈치 빠른 딸이 맥주와 안주를 준비해 거실로 나가 아버지 곁에 앉았다.

"아버지, 오빠와 맥주 한 잔 더 하세요." 하고 애교를 부린다.

전화기 문제가 발단이 되어 아들과 아버지의 대화가 오랜만에 시작되었다. 서로 술잔을 주거니 받거니 하더니 아들이 아버지에게 불만을 털어놓는다. 무엇 때문에 아버지는 아들을 믿지 못하고 이기적이며 소극적이라고 자기를 평가하는지 그 이유를 물었다. 조용히 이야기를 듣던 남편은 되묻는다. 왜 너는 아빠보다 엄마를 더 생각하고, 엄마 말만 무조건 옳다고 하는지 물으면서 부자간에 토론이 한창이다.

딸아이 방에서 그 이야기를 들으니 눈물이 핑 돌며 가슴이 저려 온다. 아버지와 엄마를 자랑스럽게 생각한다는 아들의 말에, 우정으로 만나 서로 깊은 사랑을 하고, 지금도 아니 영원히 엄마를 사랑한다고 그이는 고백한다. 그 말에 아들은 눈물을 글썽이며 아버지를 존경하고 사랑한다고 대답한다.

어릴 때도 그러했고 대학을 졸업하고 어엿한 직장인이 되어도, 항상 내 보호 아래 있어야만 하는 아들이었다. 그런 아들과 그이가 나누는 대화의 내용이 감동적이다.

"아버지, 존경합니다. 저를 믿고 지켜봐 주세요." 울먹이며 이야기하는 아들의 말에 대견하고 흐뭇한 미소를 띠며 말하는 남편의 모습이 수채화 속의 한 장면이다.

옆방에서 들려오는 대화들이 하도 정겨워 살짝 보니 둘이서 술상을 앞에 놓고 거나하게 취해 부둥켜안고 야단이다.

아들은 고등학교 때 입시공부 안 하고 친구들과 어울려 피서지에 놀러갔다고 아버지께 꾸중 듣고 매 맞던 일을 상기하고, 그래도 대학에 합격해서 즐거워했던 추억을 떠올리며 이야기의 꼬리를 이어간다. 남편은 자기가 나이가 들어 삼십대의 아들과 격의 없는 대화를 나누는 것이 즐거우면서도 아쉽고 허무한 모양이다.

앞으로 살아 나가야 할 인생의 여정에서 몇 번이나 더 아들과 흉금을 털어놓고 진정한 삶의 목표에 대하여 이야기할

시간이 있을지 그 순간이 몹시 소중하게 느껴지나 보다.

부자간의 따스한 대화를 들으며 살아온 삶의 나이테가 더욱 윤택하고 선명하게 그려지기를 바라고 있다. 이 모습이 내 인생의 커다란 화면이 되어 가득 채워줄 때, 나는 조용히 퇴장하고 싶다. 현실이란 우리가 들어가 있는 상자에 지나지 않는다. 때로는 문을 열고 밖을 내다보며 얼마나 많은 것들이 그곳에 있는지를 살핀다. 그리고 소박한 꿈을 꾼다.

사랑이란 한계가 없다. 내가 성장하고 아름다워지고 가치 있는 존재가 되어감에 따라 사랑도 비례한다. "사랑이란 당신이 진정한 당신 자신의 모습으로 스스로 돌아갈 수 있도록 도와주는 것이다."라는 생텍쥐페리의 말을 음미하면서, 내 삶의 한계의 정점은 과연 사랑인지 되뇌어 본다.

(1983)

언니의 정情

　우리가 세상을 살며 사람과 사람 사이에서 오고가는 정의 깊이는 얼마나 크고 절실한 것일까.
　날마다 살아가는 과정 속에서 서로 부딪히며 괴로워하고 혹은 즐거워하는 희로애락의 파장은 얼마나 진하고 엷은 것일까. 나는 종종 그런 것들을 생각해 본다.
　화창한 봄기운이 대지를 감싸안은 어느 오후였다. 남편이 소개해 주겠다는 언니를 만난 날, 나는 더없는 기쁨을 느꼈다. 상냥하게 웃으며 말을 건네는 언니를 보며 나는 그분이 아름다운 삶을 살아오신 것을 직감할 수 있었다.
　나와 남편은 초등학교 동창이다. 내가 서울에 살다가 6 · 25

때 마산으로 피난을 가서 남편의 집에 세 들어 살게 된 것이 인연이었다. 친구 같은 우정으로 시작한 우리의 만남이었지만, 성장해감에 따라 우리는 이성을 느끼기 시작했고 쌓이는 정의 무게에 결혼을 했다.

언니를 만난 것은 결혼하기 전이었다. 남편이 나를 데리고 신촌에 살고 계신 언니 댁에 갔다. 언니는 우리를 반가이 맞으시며 맥주를 사주겠다고 근처 레스토랑으로 데리고 갔다. 내가 형부의 출신대학 동문이라 더욱 친근감을 느낀다고 하셨다. 그때 환하게 웃으시던 언니의 표정이 아직도 선명하다.

흐르는 멜로디 속에 감미로운 선율이 우리를 감싸 그이와 난 기분이 황홀하여 더욱 행복했다. 1960년대의 일이니 당시의 시대상황으로 봐서 시누이될 사람이 신부 될 여자에게 맥주를 한 잔 사주는 일이 그리 쉬운 일은 아니었다. 그렇게 인연을 맺은 언니는 우리의 결혼 30년이 넘은 지금까지 내가 가장 고맙게 여기고 존경하는 분 중의 한 분이시다.

언니가 치과의사로서, 박사로서, 학식과 지성을 겸비하고 있는 것은 널리 알려진 사실이지만 내가 이야기하고 싶은 것은 인간적인 언니의 마음이다. 가족이란 본래 불변의 실체로 결합되는 관계는 아니다. 그것은 지극히 중요한 인연으로 인해 부모자식, 형제자매, 부부의 연으로 형성된 공동체일 뿐이다. 이 공동체는 상호간의 애경과 화합으로 구성되는 것이다. 그렇게 맺어진 가족의 구성체로서 언니는 너무도 따뜻하고 포근한 바다였다.

언제나 바다는 삶에 지친 사람을 신비로운 매력으로 이끌어준다. 현실이란 어차피 만족할 수 없는 것이기 때문에 사람들은 피로를 느끼게 마련이고 그때마다 휴식을 필요로 한다. 그때 바다는 위로와 용기를 구하러 가는 장소가 된다. 바다는 음악이 되고 전설을 만들어주고 언제나 하늘빛과 조화를 이루며 수평선 위에 신기루를 세우며 미묘한 뉘앙스로 감응한다. 바다 같은 언니를 나는 좋아한다.

남편이 사업에 실패해 몹시 힘들던 때가 있었다. 공장과 살고 있던 아파트까지 채권자들에게 다 내준 채 우리는 친척집에 기거하고 있었다. 그때 남편의 직장 문제를 상의하러 언니의 병원에 간 적이 있었다. 눈물을 글썽이며 살아가기 힘들다고 이야기하는 나의 모습을 물끄러미 쳐다보시더니, 언니는 사람이 살아가는 데 힘들고 괴로운 순간은 누구나 다 있는 것이라며 걱정하지 말라고 용기를 주셨다. 그후 남편은 대기업의 중요한 위치에 취업이 되었고 지금까지 우리는 행복하게 잘 지내고 있다.

인간은 누구나 힘들고 괴로울 때 도움을 주는 사람을 가장 소중히 여긴다고 했다. 내가 힘들고 방황하고 남편이 괴로워할 때 손을 내밀어 우리를 조용히 행복의 바다로 이끌어주신 분이 언니이다.

언젠가 이런 이야기를 남편에게 들은 적이 있다. 남편의 대학 졸업식 때였다. 식이 다 끝나 친척들이 모여 사진을 찍고 있는데 언니가 황급히 오셨다. 왜 이렇게 늦었냐고 물으니 큰 사건이 있었다고 하였다. 언니가 버스에서 소매치기를 당한 것이다. 내리기 전에 그 사실을 알고 언니는 버스기사에게 파출소까지 갈 것을 요구하였단다. 결국은 파출소에 가서 범인도 잡고 잃어버린 지갑을 찾았다니 얼마나 당차고 용감하셨던가. 그리고 현명하게 뒷마무리를 하셨다는 이야기였다.

매사에 완벽하고 빈틈이 없으셨지만 항상 따뜻하고 부드러운 언니였다. 제사를 맡아 지내는 나를 보고 수고한다고 말씀하시면서 제사를 모시는 사람에게는 복이 따르는 것이라고 하신다. 나의 노고를 인정해주시니 용기를 내어 살고 있다.

 부모가 노쇠해 있는데도 부양치 않고 저만 풍족하게 산다면 그는 파멸의 문에 이르리라는 말이 부처님의 경전에 나타나 있다(수타니파타). 경전의 말씀을 요약하면 오늘의 내가 있기까지 크나큰 사랑을 베푼 부모님의 은혜가 있었으니 그 공덕에 효은과 공양으로 보답하라는 것이다.

 언니도 맏며느리로서 집안의 대소사를 정성으로 관장하며 지성껏 제사를 모신다. 그것을 보며 나도 언니의 그 정숙한 모습을 닮고 싶어 더욱 열심히 봉제사를 하고 있다. 그이도 자주 언니의 이야기를 하며 한국여성의 표본이라는 적극적인 찬사를 서슴지 않는다.

 이제 언니가 회갑을 맞이하셨다. 벌써 30년이 넘게 언니를 뵈오며 한결같은 부드러움과 자애에 감탄하고 있다. 그 언니에게서 인간이 어떻게 살아야 후회없는 인생을 누릴 수 있는지 해답을 발견한다. 존경심으로 우러러볼 뿐이다.

 부디 건강하게 오래오래 우리 곁에 계셔서 인생의 선배로서 끊임없이 조언해 주실 것을 부탁드린다. 사귐이 깊어감에 따라 더해 가는 친근한 마음이 정이라면, 정은 역시 이지적인 면보다 감성적인 면이 더욱 강하게 작용될 것이라 믿는다. 역시 사람과 사람 사이의 정은 무게를 잴 수 없는 무한대의 정점이라는 것을 언니의 사랑을 통하여 새롭게 느끼게 된다.

(1999)

어데기의 뜻은

K씨는 친구가 많다. 초등학교, 중고등학교를 거쳐 대학까지 많은 친구를 사귀었다. 놀기 좋아하고 명랑하며 공부도 웬만큼 하고 집안도 유복하여 친구들에게 도움을 주니, 그의 주위에는 항상 친구들이 북적거렸다.

그의 부인은 서울 출생이나 피난살이 중에 다닌 초등학교에서 K씨를 만났고, 그들은 오랜 우정을 쌓은 끝에 사랑하여 결국 부부가 되었다.

K씨 친구 모임 중에 오마회五馬會라는 모임이 있다. 다섯 친구가 의기투합하여 아주 늙어 저세상 가기 전에 서로를 돌봐주자는 의미로 그들은 뭉쳤다. 그들은 서로가 다른 길을

걸어왔지만 다같이 1960년대를 국가발전의 초석礎石으로 다지는 한 시대의 심부름꾼으로 사명을 다하고 살아왔다.

오랜만에 그들은 부인을 대동하고 중국 여행길에 올랐다. 장가계, 원가계를 가서 풍류를 즐겨 보자는 의미에서다. 이번만은 몸이 불편한 C씨도 부인과 같이 동참을 했다.

"어찌 걸을 건데?"

C씨의 부인이 걱정이 되어 남편을 바라본다.

"가마 타고 가지 뭐."

C씨는 퉁명스럽게 쏘아붙인다.

원가계 천자산을 그들은 힘겹게 오르고 있었다. C씨를 태운 가마꾼의 몸에서 심하게 땀 냄새가 풍긴다. 맨몸으로 올라가기도 힘겨운데 가마를 메고 가는 사람들은 얼마나 힘이 들까……. 사람 사는 일이 옛날이나 지금이나 힘들기는 마찬가지라는 생각을 K씨 부인은 한다. 같이 걸어가는 C씨 부인도 옆의 친구들에게 폐가 될까 봐 한없이 마음이 불편하다.

산 위의 보봉 호수에 이르러 배를 타고 건너니 파란 물살에 신선한 향내가 부드럽게 다가오며, 소수 민족인 장족의 남녀가수가 화려한 자태로 나타난다. 그들이 부르는 구슬픈 비련의 노랫소리는 듣는 이의 마음을 슬프게 한다. 인생의 한恨에 녹아나는 음률은 신비감마저 느끼게 한다.

천자산을 내려오니 J씨가 배낭이 없어졌다고 야단이다. 배낭을 찾으러 달려가는 J씨, 백 미터 단거리 선수보다 빠르다. 남편의 뒤를 쫓아 부인도 덩달아 뛴다. 순식간에 달리기 시합이 일어난 듯하다. 헐레벌떡 분실한 장소에 가니 배낭은 없다. 모두들 낙담하고 관리실로 내려가니 공안원이 웃으며 배낭을 내어준다.

"이거 어데기 아니야?"

덕분에 그들은 배를 쥐고 웃고 스트레스를 풀었다.

오마회원 중 셋이 분당에 모여 산다. 친구 따라 강남 간다고, 같은 동네에 살다보니 의기투합하여 거나하게 술을 할 때도 있지만, 그들은 건강을 생각하여 가급적이면 각 1병으로 아쉬움을 달랜다. 육십을 지나 정년퇴직하여 마땅히 할 일도 없으니 산에도 오르고 가끔 술잔도 기울인다.

오늘도 그들은 만났다. 갑자기 P씨가 "아얏!" 하고 고함을 지른다. 안주에 들어있는 멍게 껍데기를 씹다가 아랫니가 부러진 것이다. 모두들 놀라 어리둥절하니 P씨 한다는 소리가 "우정으로 마신 술이니 너희들이 내 이를 물어내야 한다."라고 소리를 지른다.

"이거 어데기 아닌가?"

모두들 박장대소한다. 경상도 사투리로 대화하는 말 속에 정겨움이 묻어 있다. 옆에 있던 K씨 부인, 어데기의 뜻이 무슨 말인가 궁금하여 그들을 바라본다. 상대방이 조금 모자라거나 어설픈 사태가 일어날 때 쓰는 경상도 방언方言이라고 일러준다.

그러면 서울말로는 무엇이라고 표현할까. K씨 부인은 그들의 방언을 들으며 푸근해지는 감정을 느낀다.

K씨, 그는 부인의 초등학교 동창이다. 수십 년 동안 친구로 지내다가 우여곡절 끝에 부부로 결합된 케이스다. K씨는 언제나 술을 한잔 마시면 큰소리로 외쳐댄다.

"우리는 우정으로 맺어진 부부다."

열변을 토하는 그를 바라보며 K씨 부인은 괜히 서글프다. 애정 없는 결혼을 했다는 결론이니 오십 평생의 친구도 결국은 메울 수 없는 마음의 공허가 다분히 내재內在해 있나 보다.

부부간의 사랑을 친구들의 우정과 동일시하니, 우리도 어데기가 아닌가 하고 K씨 부인은 쓸쓸한 미소를 띤다.

큰소리로 사랑한다고 외치는 소리라도 듣고 싶은 걸까. K씨 부인 갑자기 목이 말라온다.

며칠 전 장가계에 같이 여행을 갔던 C씨가 별안간 세상을 떠났다. 가마 타고 개선장군처럼 천자산을 올랐는데 그가 유명幽明을 달리했다.

평소에 고혈압 증세가 있어 몇 번 쓰러졌는데, 주의를 하지 않고 부모님 산소 이전 문제로 무리를 하였나 보다. 그가 장남이라 직접 지관地官을 데리고 산세와 지형을 살펴 가장 좋은 곳으로 산소를 이전했다. 그런데 그 아버지 산소에 떼를 입힌 흙도 마르기 전에 하늘나라로 불려간 것이다. 자손이 번창하고 가족들의 부귀 영화를 꿈꾸었을 텐데 죽음의 신神이 먼저 데려간 것이다.

과연 신의 축복이 존재하며 조상의 음덕陰德이란 무엇인가. K씨 부인은 혼란 속에 죽음의 신이 미워질 뿐이다.

장례식장에 오마회 친구들이 모두 모였다. 죽은 친구의 명복을 빌고 그 가족을 위로하기 위해서다. 갑자기 J씨가 구슬픈 어조로 말을 이었다.

"내가 마지막까지 남아서 너희들 뒤치다꺼리를 다 해 줄 테니 걱정들 말아라."

표정이 엄숙하다.

"또 어데기가 있네."

자기가 가장 늦게까지 살겠다는 말이니 웃을 일이 아닌가.

"그래 너는 책임감이 있으니……."

K씨가 조용한 음성으로 응수를 한다.

친구들의 우정은 살아가는 인생의 역정 속에 어느 정점에 위치하고 있나. 삶의 본질은 무엇이며 행복과 불행의 척도를 재기 위하여 우리는 무엇을 추구해야 하는가. 친구는 옛 친구가 좋고 옷은 새옷이 좋다는데, 역시 친구밖에 없다고 생각하며 그들은 친구의 명복을 빌었다.

본심에서 우러나오는 진실된 행동은 감동을 가져오고 그것이 아무리 작고 쓸모없는 것이라도 기쁨을 선사한다. 우정으로 가꾼 꽃밭에서 사는 오마회 친구들의 마음씨가 그러지 않을까, K씨 부인은 생각한다.

춘하추동 여러 종류의 꽃이 화단에서 자기 위용을 뽐내고 자라고 있다. 어여쁜 자태로 피어나는 그들만의 삶의 코러스일 것이다.

"가마 타고 가지 뭐."

퉁명스럽게 말하던 C씨, 그는 천자산에 오를 때 이미 하늘나라에 상석上席을 미리 예약해 놓았나 보다.

삶의 수업료 속에 어데기의 고과 점수는 몇 점일까.

K씨 부인의 마음은 끊임없이 구름 속의 그림을 그려내고 있다.

히로시마의 정

사람과 사람 사이에 오고가는 정의 깊이는 얼마나 될까. 살아가는 과정 속에 서로 부딪쳐 괴로워하며 즐겁게 행복해 하는 희로애락의 순환 속에 우리가 느껴야 하는 감정의 심도는 과연 몇 도일까. 냉탕과 온탕의 수레바퀴는 몇 번을 돌아야 하는지 우리는 아무도 모른다.

일본에 사는 토모나리와 우리 아이들과의 교류는 20년 전으로 거슬러 올라간다. 초등학교 5학년 때 큰아들의 LABO 활동으로 토모나리는 우리 집에 한 달간 머물렀다. 히로시마에서 온 그 자그마한 일본 아이는 너무나 영특하고 귀여웠다. 말이 통하지 않았지만 나는 그 아이가 우리 집에서 생활하기에 불편하지 않도록 세심히 배려했다.

토모나리는 나를 무척 즐겁게 해주었다. 하루는 "꼬꼬댁." 하는 소리가 나서 돌아보니 아이의 하얀 얼굴에 웃음이 가득하다. 아마도 달걀요리가 먹고 싶은가 보다. 또 놀이터에 가고 싶을 때는 하얀 도화지에 그네와 철봉을 그리고 나의 얼굴을 물끄러미 쳐다보며 웃음으로 이야기하였다. 한 달 동안 머물면서 토모나리는 우리 집안에 깊숙이 우정의 뿌리를 내리고 있었다.

그리고 다시 아이들이 오고 가고, 20년이 흘러 그는 어엿한 성인이 되어 우리 부부를 히로시마에 초청하였다. 토모나리 집안은 삼대三代에 걸쳐 내려오는 약사 집안이다. 부모님이 약사이고 보니 외아들인 그 아이까지 약학을 공부하여 가업을 이어갈 준비를 하고 있었으며 직업에 대한 자부심이 대단한 아이였다.

남편이 휴가를 며칠 얻어 우리는 히로시마로 떠났다. 일본어를 잘 못하지만 우리 부부는 그런 대로 영어를 병행해 의사소통을 하였다. 극진한 대접을 받고 즐거운 여행을 하고 그리고 마음의 선물을 두둑이 받았다. 서로 교류하는 따뜻한 마음속에 인간답게 살아가는 방법을 배웠다.

　히로시마의 여러 곳을 다니며 가장 감명 깊었던 곳은 평화의 공원이었다. 원폭 중심지였던 이곳에 항구적인 평화의 염원을 담아 만든 곳으로 원폭돔, 평화기념자료관, 원폭 어린이상이 일직선으로 늘어서 있다. 공원에는 화려한 꽃과 짙은 녹음이 평화기원의 메카로, 또한 시민의 휴식처로 이용되고 있었다. 원안천 동쪽 기슭에 서 있는 원폭돔은 불에 타서 앙상하게 철골만 남아 원폭을 증언하고 있었다.

　"편히 잠드세요. 실수는 되풀이되지 않을 테니까요."라고 쓰여 있는 원폭위령비는 약 13만 명의 영혼을 위로하고 있다. 원폭 위령비의 북쪽에 두 손으로 학을 받쳐 든 소녀상은 천 마리의 학을 접다가 964마리까지 접고 죽은 소녀의 영혼을 위로하는 비였다.

　자세히 살펴보니 위령비 주위에는 일본 전국의 어린이들이 보내온 천 마리의 학이 가득히 장식되어 가슴이 뭉클해졌다.

　그 나라 사람들의 잘못으로 저질러진 결과라고 생각하지만 그 처연한 모습에서 무엇인가 석연치 못한 감정의 일면도 느낄 수 있었다. 인류애와 평화 그리고 침략이라는 세 단어가 뇌를 스치고 지나간다.

　헤어지는 히로시마의 마지막 야경, 호텔 스카이라운지에서 서로 술잔을 부딪치며 우리는 이별의 아쉬움을 달랬다. 눈가에 눈물이 가득한 채 토모나리가 우리에게 살며시 속삭였다.

　"아버지, 어머니, 건강하세요."

　그 말을 듣고 난 마음속으로 너도 나의 착한 아들이 되었구나 하는 생각에 눈시울이 뜨거워졌다.

　경제동물의 근성과 표리부동表裏不同함은 일본 사람들에게 얼마든지 볼 수 있는 속성이다.

　하나 토모나리의 경우는 모든 것이 상이相異하다. 사람과 사람 사이의 가장 보편화된 평범한 정情, 바로 그 속에서 다양한 변화를 가지고 우리들 사이를 연결하고 있다. 결국 사심 없이 순수하다는 것이 가장 큰 강점이 아닐까.

　사귐이 깊어감에 따라 더해가는 친근한 마음이 정이라면, 정은 역시 이지적인 면보다 감성적인 면이 더욱 강하게 적용될 것이다. 쌓아가는 정의 두터운 무게 속에서 난 과연 그에게 편견 없이 흐르는 정을 보냈는지 다시 한 번 반성해 본다. 역시 사람과 사람 사이의 정은 측량할 수 없는 무한대의 한 정점이라는 것을 오랫동안 기억할 것이다.

2
사랑

비와 여인 | 하상夏想 | 그대를 사랑합니다 | 눈물 | 오색 무지개
행복 그리고 사랑 | 살아간다는 것 | 45세의 생일(추억의 책갈피)
짧은 글 모음 | 딸의 소포

비와 여인

 비가 내리고 있다. 한 여인이 그 빗속을 걷고 있다. 세찬 빗줄기 아래 포도 위를 걸어가는 구두 소리가 경쾌하게 울린다. 그 소리는 거리의 소음과 어울려 음향의 숨바꼭질을 한다.

 짙은 바바리코트의 깃을 세우고 여인은 무작정 아스팔트 위로 걷는다. 그녀의 뒤를 따라가고픈 충동을 느낀다. 그 뒤를 두어 발 뒤따라가 본다. 코트 깃을 더욱 올리며 물방울의 여운을 되씹고 비를 맞아야만 하는 여인이 부러워진다. 새삼 소녀의 감정에 젖어 비의 향응을 맛본다.

 "세차게 비가 쏟아지는 날에는, 어느 아름다운 음성의 여인으로부터 전화가 걸려와 같이 걷기를 요청 받는다. 그럴 때 나는 자신을 연소시켜 그와 함께 행복한 산책을 누린다."

어느 작가의 말이다. 굳이 그 말을 떠올리지 않더라도 나는 이내 비에 동화되어 간다.

사랑은 고독과 실망, 저주와 환희라는 숨은 감정을 지니고 있다. 그래서 평소엔 그 두려운 마음을 표현하기 망설여지다가도 비 오는 날이면 마술에 걸린 듯 '사랑'이라는 단어를 서슴없이 되뇌인다. 그러한 마음을 반영이라도 하듯 비는 여인의 뒷모습을 사랑의 환상으로 물들인다.

비는 그칠 줄 모르고 쏟아진다. 흡사 나의 얼굴에 그 여인의 아름다운 미소가 겹쳐지는 듯싶다. 그럴 때마다 뭉근히 젖어오는 평온이 무한히 행복하다.

그녀는 현실로 붉어지려는 얼굴을 두 손으로 감싸쥔다. 비와 거리와 여인은, 나의 뇌리에 어떤 신비스러운 영상으로 찍힌다.

비의 구성분자는 물이다. 물은 형태는 변해도 근본 속성은 변하지 않는다. 물은 항상 위에서 아래로 흐르고 불확실의 시대에 그 흐름을 정확히 보여 준다. 또한 물은 만물과 어울린다. 작은 그릇에 담으면 작아지고 큰 그릇에 담으면

커지듯이 어떤 상황에서도 현실을 회피하지 않고 넉넉하게 포용한다.

세찬 빗물이 세상을 적신다. 나도 비가 되고 싶다. 그 옛날 낭만을 듬뿍 안고 비 오는 거리를 활보하던 그날로 돌아가고 싶다. 그런데 나는 선뜻 옛날로 돌아가지 못한다. 더 이상 충분히 맞아도 좋을 만큼 그 옛날의 비가 아니기 때문이다.

그렇지만 비에 대한 내 환상은 변치 않는다. 비가 내리는 창가에서 나는 모든 번뇌를 씻어주는 마음의 정화를 꿈꾼다. 그 옛날에 바바리코트 깃을 세우고 아스팔트 위로 경쾌하게 걷던 그 여인을 생각하며.

(2002)

하상夏想

이제 은밀한 하상夏想은 사색하는 초록의 향연에 초대장을 받고 수줍은 마음가짐으로 상상의 나래를 펼쳐본다.

태양

여름의 태양은 지구를 향해 스스로를 열어 놓는다. 그리고 뜨거운 열정으로 그 강렬함을 자랑하고 있다. 그러면 인간은 이 범접하기 어려운 태양에게 무한한 뇌물을 주며 서늘한 향기를 취하려고 노력한다. 자연의 넘치는 에너지가 얼마나 무기력하게 하는 것인가를 느끼기 전, 우리는 이것을 즐겁게 향락함으로써 인간 존재의 우위성을 직감하게 된다.

8월의 태양이 커짐에 따라 집집마다 흰 땅은 현기증을 불러일으키고 피부는 갈수록 안으로 도사린 열을 띠우게 된다. 이때 태양과 여름을 따라 자연과 육체와의 대화 속에 동화된 나는, 작렬하는 태양과 폭염 밑에서 급기야 여름의 감미로움을 잊는다.

물

곰이 사람이 된 그날이 있어 우리의 역사는 시작되었다고 하나, 물을 중심으로 한 역사의 기원설에 대하여 현대 과학은 무언의 상태다. 구태여 물의 역사와 유래에 대하여 설명하자는 것은 아니지만 지금 나는 그 물의 혜택으로 여름의 별미를 마음껏 만끽하고 있다. 마치 진수성찬을 차려 먹은 것 같다고나 할까.

물은 냉수가 온수보다 더욱 매력적이니, 열기 때의 벅찬 기쁨보다 저리도록 슬픈 냉수의 마음을 포근히 안았을 때의 그 감상이 나의 생리에 부합된다.

살면서 실망, 고독, 불쾌, 냉정의 감정이 혼합될 때 나는 냉수에서 촉촉이 젖은 여인의 눈망울을 상기한다. 그러나 유쾌, 정열, 기쁨, 사랑이 얽힐 때 나는 온수에서 속삭이는 꿈속 여인의 대화를 듣는다. 온수는 다시 식혀져야 한다는 슬픈 숙명 속에서 그 과정을 천천히 진행당하면서 서글픈 비애를 체험하고 있으나, 냉수는 불행하고 고독한 현재의 환경에서 항차 온수로 변화하여 간다.

그 과정에서 사랑과 즐거움으로 충만된 초록의 꿈을 지닐 수 있다는 계산이 앞서 나는 이다지도 짜릿한 물이 좋은가 보다.

수박

진녹색의 커다란 원 속에 까만 점이 없다면 얼마나 운치가 없을까.

수박을 자르면 빠알간 육질 속에 밴 과즙이 금방이라도 주르륵 흘러 내릴 것 같다. 실연당한 처녀의 눈물과 고독의 몸부림 같다.

수박에서 인간의 고독을 들여다보면서 생태에 맞지 않는 엉뚱한 착상에 스스로 아연실색하게 된다.

수박의 알 수 없는 미묘한 매력에 끌려 아련히 떠오르는 환상의 세계에서 무아의 경지에 들어가는 초록대열에서 문득 부끄러워지는 이유는 무엇일까.

작렬하는 태양빛 아래서 수박 한 입을 먹으며 아련히 빠알간 정을 찾기 위해 오늘도 나의 하상은 이렇게 분주해야 하는가.

(1964)

그대를 사랑합니다

남편과 영화를 보았다. CGV에서 상영한 〈그대를 사랑합니다〉이다. 중년의 사람들이 많은 생각을 하게 만드는 영화이다. 옆에서 눈물을 훔치는 남편의 모습을 보니 그동안 살아온 인생에 대하여 많은 것을 느끼게 해준다. 부모와 자식 간의 필연적인 관계, 사랑해야 하고 부양해야 한다는 명제 앞에, 부서지는 자식들의 허망한 모습에서 우리의 자화상을 보게 된다.

가족은 생명체의 결합이며 부모는 나를 있게 한 생명의 원천源泉이다. 또한 효는 생명을 사랑하는 근본이며 자비에서 출발한다. 그 중에서 가장 질기고 꾸준한 인연의 동아줄로 연결된 것이 혈연관계, 그중에서도 부모와 자식간의 관계이다. 자식이 부모에 대해 인간적이고 도덕적인 의무를 다해야 하는 것은 당위적 상식인데 우리 현실은 어떠한가 자문해 본다.

우리 자식들의 참모습은 무엇일까. 며칠 전 TV에 나온 한 교수는 아들딸들이 부모를 모시지 않고, 자기들도 자식들과 같이 살지 않겠다고 한 통계가 80~90%는 넘을 것이라 한다. 이게 바로 요즘 젊은이들의 사고 방식이다. 핵가족화되어 있는 현재의 아이들에게 '효孝'는 어떤 의미로 받아들일 수 있을까. 세월이 흐르다 보니 살아온 날들이 너무 짧은 것 같고, 살아갈 길이 기나긴 여정의 한 부분 같다.

남편과 나란히 앉아 황태를 구워놓고 막걸리를 마시며 영화에 대한 이야기를 했다. 자식들도 이 영화를 보고 무엇인가를 느꼈으면 좋겠다. 자식에게 폐를 끼치기 싫어 극중에서 치매에 걸린 아내와 같이 자살을 기도하는 주인공의 그 심정이 얼마나 절박하고 비통했을까. 나는 바라지 않는다. 기대하지도 않는다. 주는 사랑으로 만족하고 다시 되돌려 받겠다는 생각은 버린 지 오래이다. 불가의 보본반시報本返

始를 망각하겠다는 것이다. 주면서 즐거웠고 그들의 일거수일투족에 희로애락의 파노라마를 즐기며 살아온 나의 삶이 아니던가.

적극적이고 구체적인 나의 희망을 버리고 결혼 후 한 남자의 아내로, 세 아이의 엄마로 살아왔다. 살아온 삶, 모든 감정의 고저에도 단지 희생이라는, 사랑이라는 두 단어를 가슴속에 각인刻印시키고 살았다. 문득 그리고 가끔 남편의 다정한 목소리가 들려올 때는 살아 있다는 존재감存在을 느낀다. 먼 훗날 아들딸들이 우리 엄마가 이러한 인생을 살아왔구나 하고 고맙게 느낄 때 내가 존재했던 이유가 될 수 있을까. 단지 사랑이라는 단어는 어떤 결과도 원인도 이유도 표현할 수 없는 우주의 한 점이라고나 할까. 문득 귓가에 다정한 아들의 목소리가 들려온다.

"엄마, 별일 없으세요?"

착각일까.

눈물

 눈물이란 단어를 사전에서 찾아보았다. 눈물에는 사랑의 눈물, 이별, 환희, 참회, 통분의 눈물이 있고 생리적인 활동으로 생기는 체내의 수분발산으로 인한 눈물, 이물질이 들어갔을 때 흘리는 눈물 등 그 종류가 다양하다.
 눈물의 가치를 측량할 방법은 없지만 눈물을 보고도 나약해지지 않는 사람을 보고 우리는 냉혈적인 인간이라고 매도한다. 눈물과 사랑도 불가분의 관계이며 선한 자의 눈물에는 꽃의 향기가 느껴지고 악한 자의 눈물에는 형언할 수 없는 독기가 느껴진다.
 소녀의 눈물은 청순한 맛을 풍기고 젊은 여인의 눈물에서 사랑의 매력을 느끼고 노약한 노인의 눈물에서는 굴곡 많은 인생의 한 악장을 읽으며 그 사람의 여정을 떠오르게 한다.

주룩주룩 내리는 빗속에서 흘러내리는 눈물을 훔치며 포도 위를 걷는 여인이 있다. 흘러내리는 그 눈물은 실연의 눈물인가, 사랑의 완성을 위한 기쁨의 눈물인가. 여인의 눈물 속에서 춘하추동의 온갖 사연을 읽으며 상념을 달린다.

눈물은 비의 한 종류일까, 물의 일부분일까. 정석에 맞추어 살지 못하는 인간의 삶처럼 눈물과 비와 물의 함수 관계는 어디까지를 인정할 수 있을까.

스치듯이 지나가는 TV 속의 어느 어머니의 애절한 눈물을 기억한다. 자식을 위해 기도하고 눈물로 호소하는 그 모습이 나 자신의 분신일 수도 있다.

눈물, 그것은 조용히 흘릴 때 진리眞理가 존재하는 것이다.

오색 무지개

매주 기다려지는 금요일이다. 휴대폰에 문자가 뜬다. "오늘 11시에 만나요. 비가 많이 오면 하루 쉴게요."

그리운 얼굴들이 스쳐간다. 즐겁게 담소하고 기도하며 생활의 맛을 이야기할 수 있었는데 오늘 쉬다니. 아쉽다.

우리들의 중심에는 녹색 옷을 즐겨 입는 O권사가 있다. 모두들 비가 내린 뒤 찬란히 빛나는 무지개가 아니라 각자의 삶의 색깔을 조용히 나타내며 살아가는 크레파스 인생들이다. 서로를 위해 중보기도를 하며 식구들의 건강을 정말 마음속으로 기원하고 있다.

연두색 한복을 곱게 차려입고 신랑의 손을 이끌며 하객에게 인사를 하던 J집사. 너무 곱다. 아들 옆에 당당히 서 있는 모습이 커다란 나무를 훌륭히 키워 낸 촌부의 모습처럼 행복해 보인다. 인생의 화려한 훈장을 받고 행복해 하는 모습이 정답게 다가온다. 항상 조용히 자신의 주장을 펼치며 우리에게 웃음을 주던 요조숙녀이다.

불편한 몸을 이끌고 금요일마다 빠지지 않고 기도하는 P권사님. 자그마한 체구에서 강인함이 느껴지는 모습이다. 일요일 아침 전화가 온다. "교회에서 만나요."

열심히 다이얼을 돌려 나의 신앙심을 일깨우고 같이 노래를 하며 생활의 활력을 불어넣어 준다. 힘든 인생길이라 해도 그 길을 누군가와 함께 걷는다는 것을 알려주기 위해 눈은 가장 추운 날 오는 것 같다. 너무 가깝지도 너무 멀지도 않게 난로처럼 인간관계를 가지라는 혜인스님의 말씀이 문득 떠오른다. 따뜻한 마음씨를 가진 빨간 코트가 너무 잘 어울리는 P권사님이다.

우리에게 가장 많은 인생의 대화를 이끌어 주는 S권사님. 권사 직분을 받은 지 얼마 되지 않아 집사님 호칭이 훨씬 정겹다. 조그마한 가정사에서 이야기는 출발하지만 항상 유익한 말씀을 설파하시는 모습이 진지하기만 하다. 나는 주로

경청하고 모든 것을 받아들이는 입장이지만 모든 대화의 확실한 결론은 구역장인 O권사님이 해답을 내린다. 주님의 품 안에서 모든 가족이 다 건강하고 행복해 할 수 있도록 기도하고 열심히 설교를 하신다.

　인생에 드리운 그림자를 지울 수 있는 사람은 없다. 그러나 그 그림자를 뒤로 두고 살아 갈 수는 있다. 그림자가 있다는 것은 어디선가 찬란한 빛이 비치고 있다는 이야기이다. 인생에 근심의 그림자가 드리울 때 우리는 항상 빛을 찾아 나아가야 한다. 우리의 앞에는 희망과 행복이라는 빛이 나타날 수가 있는 것이다. 인생도 한 걸음씩 목적지를 향해 가다 보면 곧 도착하게 된다. 조금 빨리 가느냐, 늦게 가느냐의 차이이다. 살아갈 때 내리는 비가 있다. 흐리고 폭풍이 불고 벼락이 칠 때에도 새로운 계절을 잠시 쉬며 준비하라는 하늘의 뜻에 따라 우리는 잠시 숨을 고를 필요가 있다.

　몇 년 전, 나이아가라 폭포에 간 적이 있다. 캐나다에서 오는 길에 밤에 도착했더니 미국독립기념일이라 커다란 행사를 한다고 인파가 몰렸다. 폭포 밑에 자리를 잡고 그 장엄한 빛의 쇼를 관람했다. 떨어지는 폭포의 낙숫물에 형형색색의 온갖 색들이 장관을 이루고 있다. 무지개 색이 무색할 정도이니 그 화려함의 극치는……. 빛의 향연이 이다지도 오묘奧妙할 수 있나 새삼 느꼈다. 그러나 우리 구역의 무지개도 정말 빛난다. 하늘의 영롱한 별들보다 더욱 그렇다.

 신앙생활의 여정에 따라 비가 내릴 때는 우산을 쓰고 폭풍우 칠 때는 잠시 피하고, 다시 즐거워질 수 있는 기반을 마련하면 주님의 은총과 성령이 풍만한 인생이 될 것으로 믿고 살아간다. 오색 무지개의 화려한 비상으로 우리 구역은 항상 미소가 가득한 선택받은 인생이 되기를 기도해 본다. 일곱 빛깔 무지개보다 더욱 찬란한 오색 무지개의 영롱함이여. 축복을 주시옵소서.

행복 그리고 사랑

추억의 갈피 속에서 낙엽을 꺼낸다. 희극배우의 연극을 통해 소복이 쌓이는 인생의 풍성함을 느껴본다. 사르트르의 표현을 빌리자면 인간은 무익한 열정에도 불구하고 행복을 추구하는 존재라고 한다.

그렇다면 행복이란 무엇일까? 눈에 보이지도 않는 것, 만져지지도 않는 것, 다만 느낌만으로 알 수 있는 그 무엇이라 생각한다. 국어사전에는 복된 좋은 운수, 또는 심신의 욕구가 충족되어 조금도 부족함이 없는 상태라고 되어 있다. 그래서 나는 자기 완성의 극대화가 행복이라고 정의 내리고 싶다.

요즘같이 세상이 시끄러울 때 행복은 선명히 드러나는 희망이 대상인 것이다. 행복이 약속될 수 있는 마음은 학창시절 백양로의 추억이 아닐까.

1960년대에 다녔던 백양로의 길은 아득히 멀고 땅은 질었다. "애인은 없어도 장화는 있어야지." 우리는 이런 농담을 하며 부지런히 걷고 또 뛰었다. 4·19데모와 학내시위 때문에 수업은 결강이 많았지만, 우리는 캠퍼스의 숲 속에서 헤겔의 변증법을 논하고 헤세와 구르몽의 시를 읊었다.

언제부터인가 나는 무조건 앞으로 나아가는 삶을 살고 싶어 했다. 그것은 다양한 경험의 세계를 희구하면서 새롭게 알게 되는 것이 있을 때 새로운 세계를 찾아나서는 개척자인 양 달려 나갔다.

현대사회의 복잡한 다양성에 부응하듯 날마다 변화를 추구하면서 새로운 젊음의 실험과도 통하는 길이라 믿고 나아갔다.

자신이 시간의 고삐를 쥐지는 못하고 잡혀 사는 꼴은 아닐까. 가만히 생각해 보면 우울해진다.

인생은 우리에게 아무것도 가르쳐 주지 않는 것 같다. 자기 삶에 충실한 사람들이 자신 있게 내딛는 발자국의 모습에서 음률의 고저가 나타난다.

　내가 없어도 세상은 건재하고 세상 속에 나를 융화시키지 않아도 아무 사건도 일어나지 않는다. 오히려 세상에 존재한다는 것이 용기라는 비겁한 생각도 해본다. 무엇 하나 고집하는 삶이 그립다.

　이제는 다양성의 사회에서 나를 거두어 한곳에 몰두하여야겠다. 거리의 멀고 가까움에 상관치 말고 나를 찾아 방황하며 해답을 구해야겠다.

　내면으로 눈뜨는 과정을 지나니 이정표가 나타난다. 순수해야 오래 지속되고, 훌륭한 것은 극히 단순한 것이다.

　몇 해 전 나는 사랑하는 언니와 이별을 했다. 더 이상 만날 수 없는 사람, 그를 가끔 꿈속에서 본다. 소중했던 기억들을 언젠가는 잃어버리게 된다는 사실을 나는 안다. 상실감은 마음으로 준비하고 처해진 상황에서 최선의 사랑을 하는 것이 갑자기 맞이하는 아픔을 준비하는 최상책이라고 생각한다. 더 행복하고 사랑했던 사람이 많이 아픈 것, 그것이 정情이다.

　사십 년 전의 행복과 추억의 상념에서 살며시 눈을 뜨고 백양로의 역사 페이지를 넘긴다. 많이 사랑하고 좋아했던 은

사님, 그리고 친구들, 그들의 면면을 떠올리면 삶의 역사가 무게를 더한다.

"사랑했노라, 그래서 오래 기억할 것이다."

누구의 명언이라 말하기 전에 가슴 깊이 물들어 온다. 언제나 사랑에서 자유로울 수 있을까. 안타깝기만 한 마음, 자유롭고 무심無心해진 마음으로 지난 시간들을 추억하고 싶다.

백양로를 내딛는 발걸음이 오월의 추억 속에 잠적해 아련한 그리움으로 남는다.

(1988)

살아간다는 것

　우리가 살아간다는 것은 어쩌면 한 걸음 한 걸음 죽음을 향하고 있는 것인지 모른다. 사는 일은 곧 죽는 일이며 생生과 사死는 결코 절연된 것이 아닐 것이다. 죽음이 언제 내 이름을 부를지 알 수 없다. 생명 자체는 어디까지나 개별적인 것이고 인간은 결국 혼자일 수밖에 없다. 그것은 보랏빛 노을 같은 감상이 아니라 인간의 당당하고 본질적인 실존實存이다.

　힘들고 어려운 시련이 우리 앞에 다가온 것은 지난 겨울이었다. 남편이 종합검진을 받던 중 암세포를 발견한 것이다.

항상 건강하고 밝은 얼굴로 운동을 열심히 하던 그에게 나타난 결과라 우리는 당황했다. 수년 전 언니를 암이라는 초대받지 않은 손님에게 빼앗겼던 나는 한동안 망연자실할 수밖에 없었다. 서둘러 대학 병원의 담당의사와 상의하여 수술을 하기로 결정했다. 자신에게 닥친 불행이 인생의 전부인 양 하늘을 원망하는 그에게 나는 하나님께 기도하기를 부탁했다. 나 자신도 믿음에 확신을 가지지 못하는 처지에 그에게 기도하기를 요구한 것은 나의 오만이었지만, 그는 열심히 기도했다.

 수술이 시작된 그날, 나는 보호자 대기실에 조용한 마음으로 앉아 기다릴 수가 없었다. 죽음이란 그것이 언제 올지 절대로 말해주지 않기 때문에 나는 더욱 초조했다. 병원 지하의 교회에 내려가 간절히 아주 간절히 나는 그의 수술이 성공할 것을 빌었다. 생生과 사死의 갈림길에서 벌일 남편의 사투死鬪를 생각하며 나의 모든 것을 포기하더라도 그의 생명만은 연장시켜 달라고 애원했다. 난 표정 없이 수술실로 들어가는 그의 모습에서 고통과 근심보다는 평화와 안식을 구하려는 의지를 보고 반드시 회복될 수 있다는 확신을 받았다. 수술은 예상했던 5시간보다 훨씬 늦게 끝났지만 회복실

대기란에 쓰여 있는 남편의 이름 석 자가 너무나 고마웠다. 주님 앞에 무릎을 꿇고 앉아 기도와 참회로 그이가 회복될 수 있도록 빌고 또 빌었다.

차가운 교회의 벽면에서 주마등처럼 지나가는 몇 년 전 언니의 기억들이 나를 몹시 불안하게 하였다. 그러나 남편의 손을 잡고 간절히 기도하시던 목사님의 환영이 오버랩되어 가벼운 한숨을 내쉴 수 있었다.

수술은 무사히 성공했고 상처는 쉽게 아물었다. 주위의 환자들은 몹시 아파 고통을 호소해도 그는 아픈 배를 부둥켜안고 걷기 운동을 한다고 나서곤 했다. 운동으로 다져진 그의 튼튼한 육체는 암세포들을 멀리 내쫓았다.

죽음을 향해 한 걸음 나아갈 때는 살아 있는 우리의 즐거움은 망각의 늪 속에 가두어 두고 있었다. 그러나 이제 그가 다시 환희에 찬 생의 정점을 향해 나아갈 때 나는 너무나 감사함으로 충만하다. 범사에 감사하고 감사하는 삶을 살고 싶다.

"나 다녀왔어."

오늘도 그는 땀을 뻘뻘 흘리며 라켓을 들고 들어온다. 구수한 땀 냄새가 나의 후각을 자극하지만 열심히 생의 발걸음을 떼는 그의 모습을 나는 진정으로 사랑한다. 당신을 사死의 골짜기에 빼앗기지 않았다는 그 사실에 나는 행복하다.

45세의 생일(추억의 책갈피)

해묵은 수첩을 꺼내니 젊었을 때 일기장이 눈에 띈다. 소녀 적 유치한 감상으로 쓰여진 글이지만 소중했던 추억이라 한 갈피씩 열어 보기로 했다.

몹시 쓸쓸하고 우울한 하루이다.

오늘로서 내 나이 45세. 아침에 일어나 밥을 하고 미역국을 끓이면서 속으로 치미는 진한 아픔을 느낀다. 결혼해서 18년, 어떠한 목적과 의식을 가지고 살아왔는지 나도 잘 모르겠다.

아들 둘 그리고 딸 하나, 평범하지만 주위 사람들이 보기에는 구색을 갖추었다. 그러나 무엇인가 채우지 못하는 텅 빈 마음의 공터가 스산한 가을 낙엽처럼 남아있다.

아파트에서 바라보는 앞산은 마치 한 폭의 동양화 같다. 낙엽이 수북이 깔린 고갯길, 울긋불긋 자신을 채색한 나뭇잎들을 쳐다보면 화려한 캠퍼스를 채우는 물감의 행진이다. '구르몽'의 낙엽 밟는 소리가 들리지 않아도 마음 가득히 가을이 점령하고 있다.

정말 무엇을 원해서 이 세상에 태어나 덧없이 갈 인생이라면 나는 과연 무엇 때문에 태어났고 살아왔고 살아야 하는지…….

어렸을 적 나의 희망은 훌륭한 여성 지도자가 되는 것이었다. 남자들 틈에서 홍일점으로 공부도 열심히 했고 신문사 일도 정열을 바쳐 내 몸을 혹사했다. 한편으로는 정말 마음의 반려자를 맞아 행복한 가정을 꾸리는 소박한 꿈도 가졌었다.

이제 한 울타리에 동거한 지도 18년. 두 아들이 장성해서 아빠보다 더 키가 크고 딸아이는 내 옷을 입기 시작한다. 그런데 나는 무슨 결과를 이루었는가. 정말 보람 있고 즐거운 결심이 나에게 있는지 반문해 본다. 우수수 떨어지는 나뭇잎처럼 덧없이 떨어질 작은 낙엽, 쓸모없는 잎이라면 나의 존재는 '무'라고 하고 싶다.

어제 용주사(수원 근교점)에서 돌아오는 고속도로에서 많은 것을 느끼고 생각했다. 잠시 마음에 머물다 지워진 사람, 기억의 한 구석을 차지하는 아련히 그리운 사람, 언제나 마음 속에 남아 생활의 일부분이 되어버린 사람, 그들은 모두 마음의 고향에서 적당한 공간을 장식하며 향수를 불러일으킨다. 하늘거리는 코스모스의 숨결을 따라 상념의 세계는 푸른 하늘을 한없이 달리고 또 비상했다. 꿈 많은 대학시절의 화려한 꿈에서 깨어 지금 아들의 대학 입학을 기원하며 부처님께 두 손을 합장하는 촌부의 모습은 진실하고 정직한 삶이다. 얼마나 많은 과정을 거쳐 지금의 이 법당에서 두 손 모아 부처님께 간절히 기구하고 있는지……. 촛불을 법당의 촛대에 밝히며 향을 사르면서 난 아무것도 원하지 않는 무아의 경지로 몰입하고 싶다. 단지 부처님의 모습에서 삼귀의三歸依 하며 편안하고 조용한 마음의 안정을 찾고 싶을 뿐이다. 얼마나 절을 많이 했는지, 천배는 아니더라도 백팔배를 지나 수백배는 되었을 것이다. 지금까지 두 다리가 몹시 아파 걷기가 불편하다.

남편에게 불평과 불만을 토로하기도 싫다. 나에 대한 그 사람의 진심을 알아보기 전에 나를 뒤돌아보고 싶은 심정이다. 말하지 말자. 불평하고 원망하지 말자. 나를 희생하고 자식을 위해 사는 어진 엄마가 되어보자고 되뇌지만 이기적인 나 자신의 본성은 절대로 분리될 수가 없다. 오묘한 조화 속에 생각과 생각의 연결 속에서 극히 단순함을 갈구하는 것은 부조리한 일이 아닐까.

45세의 10월 9일. 사색의 10월이지만 고독의 10월이기도 하다. 사람은 누구나 고독을 느끼면서 그 가운데 자신을 정리해 가고 있다. 가을에는 더욱 그렇다. 가을이 주는 고적감孤寂感이 그 자신을 다듬고 매만지고 있다. 그래서 가을은 고독한 사람의 음악이며 시詩이기도 하다. 나의 출생도 가을이니 그 유형이 비켜갈 리가 없다. 꾸준히 내 자신이 살아갈 삶의 여정을 위해 나의 감정에 충실해지고 자아自我를 찾는 일에 전념하고 싶다.

인생은 그런가 보다. 세상의 음지라 할지라도, 누가 보지 않는다 할지라도 그 자리를 지키며 때를 기다리면 반드시 하늘은 세상을 이긴 승리의 월계관을 씌워 줄 것이라 믿는다.

축복 받은 45세의 생일날이여,

두 아들과 딸 그리고 남편의 진정한 축하를 받고 싶어진다. 내가 욕심이 많은 여자일까.

"서두르지 마오, 쉬지도 마오." 괴테의 시 한 구절을 떠올리며 이글을 마무리한다.

(1986)

짧은 글 모음

① 믿음의 초대

절박한 상황에서 인간은 알 수 없는 신의 도움을 갈구합니다. 결혼하기 전 주님을 믿었으나 결혼 후 시집의 종교로 인해 절에 다니면서 믿음의 상실이라는 망각의 늪에 빠졌습니다.

이제 하나님 말씀을 듣기 위해 머리 조아리며 수지 교회에 앉아 있습니다. 비록 우리의 삶이 분주하고 피곤하더라도 우리를 위해 십자가에 피를 흘리신 주님의 은혜를 생각하며, 구역 식구들이 모이는 이 예배를 소중히 여깁니다. 항상 친절히 교리를 설명하고 은혜주시는 황 권사, 웃으며 조용히 맞이하는 박 권사, 그리고 여전도회장으로 막중한 하나님의 일을 앞장서 봉사하는 우 권사님, 모두가 소중한 구역 식구입니다. 구역 식구들의 사랑과 하나님의 은혜가 합체하니 항상 "감사" 두 글자만 보입니다.

주님의 자비로운 축복으로 자신에 대한 연민을 떨쳐버리고 앙상한 모습으로 서 있는 겨울나무의 흔적에서 저 자신의 존재를 발견합니다. 새 봄을 맞이하도록 하나님의 각별한 부르심이 있기를 기원합니다. 주님의 선하심을 알기에 세상이 주는 행운이라는 글자가 나를 비껴갈지라도 그것을 실패한 삶이라 자책하지 아니하고 주님의 넓은 바다 위에서 풍만한 은혜를 느낄 겁니다.

하나님이 동행하여 주시고 바른 길로 인도하는 구역 식구들이 있기에 더욱 신앙생활에 정진하겠습니다. 사랑하는 분들에게 받았던 그 충만함을 모아 변함없는 마음 자세로 하나님을 사랑하겠습니다. 저의 이 간절한 마음이 남편의 믿음에 한 알의 밀알이 되었으면 합니다.

② **조카 혜경이에게 2003. 8. 1.** (미시간을 다녀와서)
꿈속의 여행을 다녀온 것 같아 가끔은, 지금도 미로의 환

상을 쫓아가고 있다. 장마가 끝난 서울의 날씨는 너무 덥고 불쾌지수가 높아 짜증이 절로 나온다.

　푸른 잔디 위의 하얀 집에 사는 혜경이는 어떻게 지내고 있는지. 박 서방도 잘 있고 은혜와 은진이도 여전하리라 믿는다. 훌쩍 큰 은혜의 예쁜 모습이 싱그럽게 다가오는가 하면 꼬마 남자친구와 컴퓨터 게임을 하던 귀여운 은진이의 모습도 떠오른다. 여러 가지로 많은 폐를 끼쳤고 좋은 구경을 한 것 같다. 특히 너의 엄마 아빠와 같이한 미국여행이어서 더 큰 점수를 주고 싶고 낙조 속에 황홀하게 펼쳐지던 미시간 호수의 그 장엄한 모습이 뇌리에서 사라지지 않는구나. 정말 여러 가지로 고맙다.

　혜경이 너의 사는 모습을 생각하며 60여 년 살아온 나의 인생을 되돌아보기도 한다. 한 가지 꼭 하고 싶은 말은 자기 자신에 충실히 살아, 먼 훗날 내 자신이 외롭지 않도록 하라는 것이다. 자신의 삶이(물론 남편과 자식도 중요하지만) 얼마나 커다란 비중을 차지하는지 모른다. 허무하고 우울하고 슬퍼질 때는 더욱 그렇다. 물론 신앙생활을 통해서 자아실현이 가능하겠지만 자신을 위한 투자를 열심히 하라는 것이다.

　가능하면 어떤 종류의 공부도 좋겠지.

내년에 서울에 올 예정이라니 그때 즐거운 모습으로 다시 만나자. 항상 행복한 미소를 떠올리는 혜경이가 되었으면 좋겠다. 특히 박 서방에게 고마웠다고 안부 전해줘.

- 2003. 8. 10. 숙모가

③ 아들 한수에게

지금 열심히 시험을 보고 있을 나의 아들을 생각하며 이 글을 쓴다. ≪천수경≫을 읽고 염주를 돌리며, 부처님께 열심히 절하며, 아들이 맑은 정신으로 무사히 시험을 치르기를 간절히 기원하고 있다. 시험을 치른 후 어떠한 결과가 나타나더라도 엄마는 놀라지 않고 조용히 순응하겠다. 한수 너도 너무 실망하거나 좌절하지 말고 앞으로의 생활에 더욱 신경을 써서 최선을 다해 주기 바란다.

인생에 있어 대학엔 반드시 가야 하고, 대학이 하나의 삶의 주춧돌 역할을 하기는 하지만 역시 절대적은 아니다. 자기의 인생을 살아가는 데 유용하게 이용할 줄 아는 사람이 되자. 또 금년에 실패하면 내년이 있고 마음의 기회는 항상 있는 것이다. 꼭 부탁하고 싶은 것은 시야를 외국으로 돌려 세계를 향해 살아 보자는 것이다. 그러기 위해서는 끊임없이 노력하고 기회는 반드시 잡아야 하는 것이다.

한수야! 시험은 잘 보았겠지만 그렇지 않은 최악의 경우까지 생각하며 엄마는 이 글을 쓴다. 절대적으로 한 번의 실수로 생각하고 자신의 능력과 자신감을 가져라. 한수 너는 무엇이든지 할 수 있고 또 노력하면 얻을 수 있다는 굳센 의지를 가져라. 그것은 가진 사람이 항상 최후의 싸움에서 승리하는 것이다. 엄마의 아들인데, 머리도 좋고 할 수 있는 게 한수 너잖니. 능력이 부족했었다고 반성을 하면 다시금 굳은 각오와 결심이 생기게 될 것이다.

되풀이하는 이야기지만 넓은 세상을 보고 폭 넓게 살아갈 생각을 해라. 무슨 일이든지 한 단계씩 밟아서 인생의 목표에 도달하도록 노력하여야 한수에게 엄마가 거는 모든 인생의 기대가 충족되어지는 것이다.

엄마는 한수 속에서 숨 쉬고 살아가고 있다고 믿어도 좋다. 한수가 괴로우면 엄마도 괴롭고 네가 슬프면 엄마는 더욱 슬프다. 우리 아들 만세다. 용기를 가지고 세상을 엄마와 같이 살아가자. 안 될 것이 없다는 목표를 가지고…….

— 1985. 11. 20. 한수를 사랑하는 엄마가

딸의 소포

며칠 있으면 딸 정진이의 생일이다. 대구에 있는 친구 정아가 정성스럽게 선물을 포장하여 우송했다는 전화를 받고, 딸은 흥분과 기대감으로 가득 차 있었다. 오늘 하루 친구의 약속도 뒤로 미룬 채 아침부터 소포를 기다리고 있다. 오후 2시쯤 되어 우체부 아저씨가 왔다. 딸아이가 "아저씨 소포예요?" 하고 물으니 아저씨는 엄마를 좀 보자고 한다. 갑자기 나를 찾기에 의아해하며 나가보니 아저씨의 설명이 장황했다.

소포를 실은 용달차가 행랑을 놓고 간 후, 우체부 아저씨가 옆 동에 잠시 우편물을 갖다 놓고 왔단다. 그동안에 소포

행랑이 감쪽같이 없어져 경비 아저씨들과 찾아보니, 아파트 옥상에 다 풀어진 보따리와 빈 행랑을 발견하였다고.

하도 어이가 없어 아저씨를 가만히 쳐다 보니 그도 여간 난감해 하는 표정이 아니었다. 이야기를 들은 딸은 두 눈에 눈물을 글썽이며 "아저씨 어떻게 해요, 난 몰라요……." 하고 서 있다. 아저씨는 그 안에 들었던 물건의 목록을 대구에 있는 친구에게 전화를 해서 알아보라고 했다. 그러면 자신이 다 변상해 주겠다고 하면서, 미안해 하며 이야기하는 우체부의 표정에서 진실된 사람이라고 느꼈다. 아저씨는 또 딸아이가 행복한 생일 선물을 받지 못하게 돼서 정말 미안하다는 말을 여러 번 하였다. 처음에는 아저씨의 불찰을 지적하고 모두 다 변상하라고 할 생각이었지만, 우울해 하고 미안해하는 아저씨의 슬픈 표정에서 난 생각을 바꾸었다.

"아저씨 괜찮아요. 할 수 없지 어떻게 해요. 가져간 사람이 나쁘지 아저씨에게 큰 잘못이 있는 것은 아니잖아요." 굳이 변상을 하겠다는 아저씨의 이야기에 나는 선물 꾸러미 속에 들어있는 빈 지갑 포장을 가르키며 지갑이나 하나 사 달라고 했다.

찢어진 선물 봉투 속에는 생일을 축하하는 빨간 장미 3송이와 빈 화장품 케이스, 지갑 가방, 그리고 예쁜 인형의 집과 양말 케이스가 들어 있었다. 빈 상자마다 분홍 꽃을 달아 예쁘게 포장했지만 남은 것은 장미 꽃 3송이와 공연 디스켓 1매뿐이었다.

딸애는 눈물을 뚝뚝 떨어뜨리면서,

"아저씨, 괜찮아요. 지갑만 하나 사 주세요." 한다. 딸애의 슬픔에 가득 찬 눈을 바라보면서 나머지는 엄마가 모두 다 사 줄 테니 걱정말라고 위로해 주었다.

남의 물건을 빼앗거나 훔치는 것이 도둑질이라지만 어쩌면 소포꾸러미까지 가져가 우리 딸의 마음에 커다란 상처를 남긴 게 아닐까 생각하니 괘씸하기 그지없다. 삶의 희열도 느끼는 방법은 여러 가지 이다.

커다란 목표를 세우고 한없이 욕망에 도전하는 삶보다는 자기의 맡은바 직분을 다하고 조그만 보람을 느끼는 인생에서 우리는 교훈과 감명을 받는다.

열심히 살아가는 아저씨의 상심해 하는 표정을 바라보며 우리의 마음속에 선과 악에 대해 생각해 본다.

딸애와 우체부 아저씨의 진실된 마음에 받은 깊은 상처는 오랫동안 앙금이 되어 나에게 머무를 것 같다.

살아볼 가치가 있는 삶을 살기 위해 제자리에 머물며 주위를 살펴보자. 정말 내가 추구하는 삶이 무엇인지.

3
여정

에게 해의 추억 | 소울메이트의 여정 | 추억의 봄날
음악회 유감有感 | 박물관 소묘素描 | 3박4일
제사 | 배낭 여행 | 119 소동 | 생년월일生年月日이 언제지요

에게 해의 추억

　　박물관 대학에 다니면서 하고 싶은 일이 있었다. 중동 문화를 접해보자는 것, 특히 터키의 유적을 돌아보면서 동서양의 문화를 마음껏 느껴보자고 생각했다. 이제 십여 년이 지난 후 기회가 되어 터키 여행에 오르게 되었다. 무어라 형용할 수 없는 신비한 매력에 빠지는 터키, 나는 이 나라를 그토록 동경하고 가고 싶어 했다. 유럽과 미주를 여행하며 견문을 넓히기도 했지만 꼭 가고 싶은 곳도 터키였다. 2002년 월드컵의 함성 속에서 다같이 4강에 올라 3, 4위를 다투던 터키와의 축구시합을 지금도 생생히 기억하고 있다. 우리가 비록 졌지만 두 나라가 형제의 나라로 다 같이 우애를 나누던 함성이 치솟던 그 황홀한 순간을 생각하면 가슴이 벅차오르고 눈시울이 붉어진다.

"할머니, 왜 우리나라와 터키는 형제의 나라라고 해?" 묻던 손자의 얼굴이 떠오른다. 물론 6·25 참전국이기도 하지만 보다 특별한 인연이 있단다. 조상이 돌궐족이라(대조영이 세운 발해) 우리와 같은 흉노의 후손이고, 5천 명이라는 군인을 6·25사변에 파병해 주어서 지금 우리가 이렇게 편안히 잘살고 있단다. 이렇게 장황하게 설명하던 나의 모습이 생각난다.

여러 사연을 뒤로하고 떠난 터키 여행이니 내가 흥분을 안 할 수 있겠는가. 두근거리는 가슴으로 이스탄불 공항에 도착했다. 천이백만 명이 거주하는 거대한 도시 이스탄불, 우리나라의 호화공항을 출발해 도착한 후라 실망감이 컸다. 우리의 김포공항 정도라고나 할까. 그러나 공항의 작고 큼이 대수냐. 이국의 밤에 알라의 신이 축복하듯 느껴지는 공기는 산뜻하고 사람들도 모두 친절했다.

보스포러스 해협의 크루즈 관광이 여행의 시작이다. 길이가 약 30km로 유럽과 아시아 사이에 위치한 해협으로 흑해와 마르마라 해를 연결하고 있고 양측 해안에는 고대 유적지, 그림같이 아름다운 전통의 터키마을 울창한 숲이 장관을 이루고 있다. 그러나 고질적인 멀미가 나타날 줄이야. 갑판에서 내려와 홀로 구석에 앉아 그 좋은 풍광을 뒤로하고 구토를 하기 시작했다. 먹은 것이 없어 물만 나와도 계속 토하고 얼굴은 노랗게 변했다. 그렇게 원했던 터키 여행이 나에게 준 첫 번째 선물이다. 그냥 울고만 싶다. 남편은 다른 관광객들과 어울려 나에게 관심이 없고 눈호사를 하느라고 정신이 없다. 성 소피아 성당과 톱 카프 궁전을 관람하고 나는 누워 버렸다.

다음날 수도 앙카라로 이동했다. 아타투르크 기념공원과 한국공원에 갔다. 한국 동란 시 참전으로 맺은 인연으로 우리나라가 부지를 매입하여 깨끗하게 단장한 한국공원, 전사자들의 명단을 모두 기록하여 그들의 영혼을 위로하고 있다. 나도 모르게 고개를 숙이고 묵념을 하였다. 전통적으로 체면과 무예를 존중하고 매우 다혈질인 터키인들, 그러나 서두르지 않고 신앙의 전사라고 불리는 가지(Gazi)의 정신을 윤리의 중요한 덕목으로 생각하는 그들이다. 우리를 위하여 싸우고 전사한 그분들의 영혼을 위로하고 싶다.

다음날은 친절하고 사랑스럽다는 뜻을 가진 신비의 땅 갑

바도키아로 이동을 했다. 30여 개의 석굴도시가 있는 괴레메, 이곳이 그 유명한 성지 순례지이다. 기독교인들이 박해를 피해 숨어 지낸 데린구유, 기독교인들이 삶과 목숨을 지키기 위해 숨어 살던 지하 도시 데린구유는 '깊은 우물'이라는 뜻을 가지고 있다. 실제로 관람할 수 있는 구역은 10%에 지나지 않지만 최대 3만 명까지 수용이 가능한 지하도시이다. 미로처럼 얽혀있는 좁고 낮은 통로로 고개를 숙이고 지하 8층 55m까지 내려가니 고개가 아파 들 수가 없다. 나는 혈압이 높고 잘 걷지를 못해 내려가기는 했으나 올라올 때는 무척 힘들었다. 숨이 턱까지 차올라 하얗게 질리면서 가쁜 숨을 몰아 쉬고 또 쉬어야 했다. 그곳에서 많은 사람들이 숨어 지낸 것을 생각하니 너무 경외스럽다. 십자가 모양의 교회, 지하 감옥 등 모든 것이 잘 정리되어 있어 놀랄 뿐이다.

다시 이동하여 파묵칼레로 갔다. 석회 성분을 포함한 물이 오랜 시간에 걸쳐 결정체를 만들어 쌓여진 것이 광활하고 희귀한 경관을 만들었고 그 위로 상부에서 흘러 내려온 온천수가 담겨져 파묵칼레의 상징인 야외온천이 이루어졌다. 이 온천에 기적을 바라는 순례객들이 아픈 몸을 담그고 치료를 받았다. 멀리서 파묵칼레 석회층을 바라보면 목화솜을 뭉쳐

놓은 듯하다. 밤에는 일행 몇 사람과 같이 근처 맥주집에 갔다. 세계에서 가장 맛있다는 터키 맥주를 마시기 위해서다. 우리가 들어가니 가수가 한국 가요를 선사한다. 조용필의 〈친구여〉가 맛있게 흘러나오니 한국의 친구들과 많은 상념들이 일순간 파노라마처럼 스치며 감회를 불러일으킨다. 추억의 책갈피에 꼭 붙이고 싶은 잊을 수 없는 터키의 밤이다. 남편의 손을 잡고 걸었다. 가다가 신발을 벗고 흐르는 온천물에 두 발을 담그고 오묘한 신의 섭리를 느끼며 사방을 바라본다. 흰구름이 커다란 지도를 그리는 새하얀 목면의 섬 파묵칼레이다.

고대 로마와 신약 성서의 한 축인 에베소에 갔다. 에베소는 교회 역사에서 사도 요한이 예수의 어머니 마리아를 모시고 오자, 성도들이 바다가 보이는 전망 좋은 곳에 거처를 마련해 준 곳이다. 그 곳을 그들이 성모마리아의 집이라고 신성하고 중요한 곳이라고 선언하여 가톨릭 교회의 성지로 지정하였다.

가장 기억에 남는 것은 헬레니즘 시대에 건축된 원형극장에서다. 수많은 여행객들이 관객이 되고 우리 일행은 합창단이 되어 무대에 올라가 큰 목소리로 〈고향의 봄〉을 불렀다.

"나의 살던 고향은 꽃피는 산골 복숭아꽃 살구꽃 아기진달래……."

떨리는 음성으로 다 같이 부르니 벅찬 환희의 기쁨이 온몸을 감싸고 다시 메아리쳐 들려오는 그 노랫소리는 너무나 훌륭했다. 외국 관객들이 함성을 지르고 모두 박수를 치며 축하해주니 눈물이 핑 돌았다. 안내원이 유튜브에 올리겠다고 하니 서울에 가서 다시 그 감동을 맛보리라. 셀수스 도서관과 하르리아누스 신전을 관광하며 탁월한 예술성에 감동을 했다. 에페소 유적지 관광 후 고대 유적지 트로이로 이동하여 트로이의 목마 등 트로이의 유적을 보았다. 에게 해의 선율을 타고 백 뮤직이 흐른다. 간절히 호소하는 목소리로 터키의 멜로디가 밀물처럼 밀려온다. 곡명은 알지 못하지만 심금을 울린다.

이제는 마지막 이스탄불이다. 첫날 보스포러스 해협 크루즈 유람 때 너무 심하게 멀미를 해서 실망을 했지만 오늘은 비단길의 마지막 시장인 그랜드바자르 관광이다. 5000여 개의 상점이 거대한 실내 시장을 형성하고 100여 개가 넘는 출입문에 수백 개의 미로가 복잡하게 얽혀 있어 신경을 쓰지 않으면 금방 왔던 길도 잃어버리기 십상이다. 친지에게 줄 선물을 가볍게 쇼핑했다. 그 상점의 위치를 확인하면서…….

토인비는 이스탄불을 일컬어 "인류 문명의 살아있는 거대한 옥의 박물관"이라 했다.

정말로 동양과 서양, 옛것과 새것이 절묘하게 조화를 이룬 세상에서 가장 환상적인 미항이다. 유럽과 아시아가 1km의 다리 하나로 연결되어 있는데 유럽 쪽 도시가 이스탄불이고 아시아 쪽이 유명한 민요의 마을 위스키다르도다. 피부가 다른 여러 모습의 민족과 수많은 종교와 사상, 신화가 이스탄불이라는 용광로 속에서 하나가 되어 공존共存과 화해라는 참 문화를 이루어냈다. 서양의 품안에 요염하게 안긴 동양의 자세로 이스탄불은 오늘도 그렇게 서 있다.

매일 매일 동서양을 넘나들며 터키의 매력에 푹 빠져 떠날 날이 왔다. 에게 해의 수평선에 석양이 걸리면 수만 개의 사원에서 일제히 "아-잔"이라는 은은한 코란 소리가 도시 전역에 울려 퍼진다. 하루를 종결하는 의식이리라. 나도 터키의 꿈에서 깨어 서울의 다정한 야경을 보기 위해 서둘러 비행기를 탔다. 에게 해의 석양을 가슴에 가득 안고…….

소울메이트의 여정

　연륜이 쌓이는 삶의 무게는 커다란 중력으로 다가온다. 나이테의 숫자가 증가함에 따라 받는 인생의 고뇌는 심해져 가고 어느 순간 해탈의 경지에 이른다. 내가 정말 이렇게 많은 생의 두께로 살아왔나 반문해 본다.

　남편의 고등학교 동창회에서 합동으로 칠순연을 하기로 했다. 축시를 낭독하라는 주위의 권유로 펜을 들었지만 두려운 생각이 든다.
　그와 같이 더불어 산 삶이 45년. 이제는 서로 측은지심惻隱之心을 가지고 산다. 나와 그와의 인연은 6·25사변이 일어나 우리 가족이 서울에서 마산으로 피난 오면서 시작되었다. 초등학교 시절, 그는 매일 우리 집에 와서 나를 데리고 학교로 갔다. 서울에서 피난 온 나를 친구들이 '서울네기 다마네기'라고 놀리니 보호한다는 차원에서 많이 배려해 준 것 같다. 나도 그를 많이 따랐다. 같이 보내던 유년 시절을 멀리하고 우리 식구는 아버지의 전근으로(은행 재직중) 이사를 가게 되었다.

여수, 청주를 거쳐 대전에서 중학교를 다녔다. 그때까지 그와는 편지로 늘 안부를 물었다. 처음에는 그의 누나와 나의 언니가 친구여서 보내는 편지 속에 우리의 사연을 같이 넣었지만 언제부터인가 그가 바로 나에게 편지를 보내왔다. 다시 세월이 쌓이고 나는 서울에 있는 K여고에 진학을 하게 되었다. 그도 몹시 서울로 오고 싶어 했지만 부모의 반대로 마산에 남아 있었다. 초등학교 5학년 때 헤어지고 우리가 극적으로 만난 것은 고등학교 1학년 겨울방학이었다. 그동안 서로 사진을 보내고 보내와서 자라온 모습을 보아오긴 했지만 첫 만남은 무척 설레는 날이었다. 아침부터 눈이 펑펑 쏟아지던 날, 그는 우리 집에 왔다. 우리 집이 중앙청 부근이라 마침 소복소복 눈이 내리는 경복궁 담길을 밟으며 걷고 또 걸었다. 서로 교복을 입고 그는 모자를 쓰고 나타났는데 그 모습이 서울 남학생하고는 달랐다. 촌스런 학생이라는 느낌이 있었지만 그래도 반갑고 좋았다. 서로 손을 잡고 5년 만의 만남을 즐거워했다. 눈을 밟는 소록소록 발소리에 정감이 흐르고 믿음직스러운 그의 모습을 말없이 지켜보았다. 그와의 재회는 그렇게 이어져 다시 그는 마산에서 나는 서울에서 고등학교를 졸업하고 대학에 들어가 다시 만났다. 그는 우리 집을 자기 친척집인 양 방문하고 나도 친구로 스스럼없이 대하였으니 우리 사이는 정말 보기 좋았다. 그런 우리가 결혼을 하겠다고 나서니 양쪽 집의 반대가 심했다. 그래도 우리는 결혼을 했고 세 아이를 낳았다. 그들의 뒷바라지를 위해 난 최선을 다했고 지금도 후회는 없다. 살아오는 동안의 희로애락을 짧은 글로 적어 발표하기도 하고, 나 자신의 욕망을 없애니 모든 일이 순풍이고 집안이 편안했다. 그러나 나의 꿈이(사회에 나가 나의 위치를 찾고자 함) 욕심이 되어 가끔 나타날 때에는 나도 모르게 눈물이 흐르고 살아가는 이유에 대한 회한도 있었다. 그가 다시 아프고 병마를 떨치고 회복되어 건강하게 운동하는 모습을 보며 나는 생에 대한 경외감을 느낀다.

"인간이 한평생 칠십을 살기가 예로부터 힘든 일이라 하였는데 오늘 여기 칠순 잔치를 여니 살아온 날의 두꺼워진 무게가 지금 당신의 공덕으로 온 우주를 비추입니다."

낭랑한 음성으로 낭독하고 나는 열심히 다음을 이어간다.

"평생을 참으며 덕을 주는 삶을 다하였는데 이제 와 무엇을 시샘하고 무엇을 탐하리. 한 번 웃으면 두 번 거듭나고 한 번 참으면 남은 여생이 더욱 즐거우리. 꽃바람 타고 생의 무대에서 우리는 함께 화려한 삶의 극장에 가고 있네. 70돌 윤회의 찬란함이여."

읽고 내려오는 귓가로 수근거림이 들려온다. 70의 나이에도 아마 내 목소리가 듣기 좋았나 보다. 혼자 미소 지으며 자리로 돌아왔다. 남편과 같이 70평생을 살면서, 우리는 결혼한 지 46년이 되었지만 사실은 60년을 같이 산 셈이다. 수많은 모임을 우리 부부가 참석했지만 오늘의 칠순잔치는 나에게 가장 커다란 행복과 감명을 안겨주었다. 옆에 앉은 친구들과 추억을 회상하며 담소하고 노래하고, 가장 소박한 삶의 모습을 보여주었다. 살아간다는 것이 생의 흐름 속에서 가장 커다란 여정인데 우리는 건강하게 내일을 향해 두 발걸음을 뗄 수 있다는 그 사실이 축복이다. 인생의 낙엽이 얼마나 쌓여야 삶의 마지막 잎새가 되는 것인지. 클래스메이트로 만나 소울메이트로 변화하면서 쌓여진 온갖 희로애락의 두께는 얼마나 되는지……. 그이는 빨갛게 물들었고 나는 노랗게 변해가고 있다.

오늘이 다시 시작이다.

가야 할 곳이 결정되지 않았으면 그 자리에 머물러 있는 것이 지혜이다. 소울메이트의 마지막 여정의 발걸음을 옮기며 둘이 꼭 손을 잡았다. 흔들리는 승용차의 리듬에 몸을 맡기고…….

추억의 봄날

쌓여 있는 저금통의 무게를 가늠하며 얼마간의 지출을 해 본다. S는 추억의 잔금이 얼마나 남았는지 다시 펼쳐 보고 있다.

1960년대 대학에 입학한 S씨의 어느 봄날의 이야기이다.
 사회적으로 몹시 불안하고 가난하게 살던 1960년대, 3·15부정 선거가 터지고 뒤이어 4·19가 일어났다. 각 대학의 학생들이 모두 데모를 한다고 거리로 뛰쳐나왔고 그녀의 친구들도 예외일 수는 없었다.
 4월의 어느 날, S가 일찍 학교에 가니 강의는 없고 노천극장에서 집회를 한다고 모두들 몰려 나갔다. 친구들은 나가면서 홍일점인 S에게 자기들의 가방을 지켜달라며 강의실에 쌓아 두었다. 당시에 남학생들은 모두 까만 가방을 들고 다녔다. 그녀는 수북이 쌓여있는 가방을 바라보며 홀로 앉아 멍하니 상념에 잠겨 있었다.

갑자기 밖에서 "영차 영차." 소리가 힘차게 들려왔다. 그녀가 유리창을 열고 보니 학생들이 3·15부정선거규탄을 하며 소리를 지르고 스크럼을 짜더니 교문 밖으로 나가기 시작했다. 어쩔 줄 몰라 밖으로 나가보니 과 친구들과 문과대학 여학생들과 어깨동무를 하고 합류해 달려 나가고 있었다. 그는 과 친구들이 맡겨놓은 가방 생각이 나서 얼른 강의실로 들어와 그들이 무사히 데모를 마치고 학교로 돌아오기를 빌었다.

그러나 한번 썰물같이 빠져나간 행진의 무리는 몇 시간이 지나도 아무 소식이 없었다. 갑자기 두려움이 엄습해 왔다. S는 그 가방들을 전부 강의실 한 구석에 쌓아 놓고 책상으로 덮어서 밖에서 보이지 않도록 정리를 했다. 그리고 사무실에 들러 남학생들의 가방이 모두 강의실에 있으니 잘 보관해 달라고 부탁을 했다.

강의실을 빠져나와 교문 밖으로 나오니 다른 대학 여학생들이 삼삼오오 짝을 지어 걱정을 하고 있었다.

"어떻게 된 거니?" "데모대는 어디로 갔니?"

그들은 이구동성으로, 신촌 광화문을 지나 경무대(지금의 청와대)로 몰려갔다고 했다. 겁이 나고 무서웠던 그녀는 단숨에 집으로 향했다. 광화문 근처인 적선동에 그의 집이 있었다. 온 시내가 혼잡과 무질서 속에서도 활발히 움직이고 있었다. 버스가 다니지 않는 곳은 걷고, 왕래하는 곳은 타고 겨우 적선동 근처에 도착했다. 주위에는 서울 시내의 모든 사람들이 모여 데모를 하는 것 같았다. 갑자기 "탕 탕 탕." 하고 총소리가 들리기 시작했다. 겁에 질려 사람 속을 헤치며 무조건 집으로 달려갔다. 집에 도착해서 겨우 한숨을 내쉬니 다시 바깥일이 궁금했다.

그녀의 집은 적선동 골목길 속에 있어 효자동으로 가는 데모 군중이 지나가는 길목이었다. 총소리에 놀란 사람들이 모두 골목으로 쏟아져 들어왔다. 그 속에서 학생들의 교복도 간간이 보였다. 두근거리는 가슴을 진정시키며 그녀는 오직 친구들이 무사하기만을 빌고 또 빌었다.

이튿날 아침 일찍 학교에 가니 쌓아 놓은 책가방이 얌전히 그 자리에서 빙그레 웃으며 그를 반기고 있었다. 과 친구들이 소중히 여기는 가방을 그냥 두고 갔다는 죄책감이 들었지만 그들의 의로운 행동에 박수를 보냈다. 같은 친구이지만 여자라고 아끼고 데모에 못 끼게 하고 책가방을 던져주던 그 모습에서 진한 우정의 진실을 보았다. 남녀 공학에서 느끼는 이 따스한 행복감이 그 후로도 오랫동안 S의 생활의 활력소가 되었고 그 색깔은 지금도 빨갛게 채색되어 뇌리에 남아 있다.

대학생활 속에서 쌓아간 정의 두터운 무게 속에서 그는 행복했고 사십 년이 지난 지금 윤활유가 되어 가끔은 그를 생기가 돌게 한다. 학창시절의 찬란한 한 페이지가 절망과 좌절보다 희망과 즐거움, 그리고 사랑과 정으로 쌓여 있는 추억의 계단이다. 걸어가는 발자국마다 풀어놓을 수많은 사연은 무지개의 그 어느 색깔보다 화려하리라.

(2001)

음악회 유감有感

 음악은 가깝게 해서 크게 듣는 것보다 얼마쯤 여유를 둔 듯한 거리에서 들어야 더욱 훌륭한 것 같다. 적당한 거리를 두거나 오히려 멀리서 들리는 음악, 그것은 우리에게 피곤함을 주지 않아 더 오랜 시간 음악에 잠길 수 있게 한다. 오랜만에 음악회에 갔다. 지방대학 교수로 있는 R의 리사이틀이다. 소꿉쟁이 친구가 음악회를 한다기에(육십이 다 되어가는 처지이지만) 대견하다는 생각과 부러움과 호기심을 느끼며 달려갔다. 몇 십 년 만에 만나는 동창들의 모습은 나를 먼 옛날 동화세계로 인도하는 것 같이 흥분과 설렘의 연속이었다. 모두들 주름살이 많아지고 황혼의 나이테가 굵게 변했지만 환하게 웃는 그 표정은 기분 좋은 느낌이었다.

예쁘게 성장을 하고 친구를 축복해 주기 위해 나도 가기 전에 분홍 재킷을 걸치고 샤넬 향수를 한 방울 뿌렸다. 오랜 세월을 선율의 세계 속에서 살아가는 친구의 삶 자체에 부러움을 느끼며 그 연주를 듣기 위해 자리에 앉았다. 마치 동화 나라의 주인공이 된 것 같다.

연두와 초록이 적당히 혼합되어, 지적이면서도 화려한 드레스를 입고 등장하는 그녀를 보고 나는 숨을 가쁘게 몰아쉬며 손이 떨리듯 긴장을 했다. 두 손을 피아노 건반에 얹고 조용히 심호흡을 하는 모습은 경건하고 경외스럽기까지 하다.

〈하타투리안의 토카타〉를 서곡으로 연주했다. 오묘한 선율 속에 온갖 감정의 기복을 흐느끼듯 나타내는 그의 얼굴에 존경스러운 마음이 들었다. '하차투리안'은 러시아 작곡가로 발레 교향곡 협주곡 등의 분야에서는 걸작을 남겼으나 소품에는 별로 유명한 것이 없고 피아노 곡으로는 '토카타(Tocata)'라는 이 곡이 알려져 있다.

하차투리안은 민속악기 중에서도 타악기를 즐겨 연주했는데 강렬한 리듬감으로 풍만한 곡이었다.

계속해서 슈베르트의 4개의 즉흥곡이 연주되었다. 1곡에서 4곡까지 알레그로 4박자에서 3박자, 다시 안단테 2박자 다시 4곡 알레그레토 3/4박자로 끝을 맺는 슈베르트의 즉흥곡은 서정적인 아름다움과 가곡풍의 선율이 흐르면서 부드럽게 공감이 가고 무엇인가 가슴이 벅차오름을 느낀다. 설명서가 곁들여 있어서 읽어 보고 다시 암기하고 옛날의 학생의 모습으로 되돌아가는 착각을 느꼈다.

　잠시의 휴식시간이 끝나고 다시 2부가 시작되었다. 그 나이에 열정적으로 건반을 두드리는 그녀의 모습에서 난 삶의 희열과 회의를 동시에 느끼고 있었다. 〈슈만의 나비작품 2〉와 〈베토벤의 피아노 소나타 제18번 E장조 작품 31의 3〉이었다. 전문적인 지식이 없어 그 오묘한 청감을 느낄 수 없지만 무엇인가에 몰입하여 희열하고 흐느낀다는 그 자체가 좋았다. 슈만의 작품은 환상적인 소품으로 무도회와 연관된 곡이며 왈츠 리듬의 춤곡이라 우리가 쉽게 감흥이 가도록 선곡되어 있었다. 가면 무도회에 가서 춤을 추고 가면을 교환하고, 사랑을 고백하고 노여워하며 가면을 벗고 서둘러 마지막 광경을 바라보며 돌아가는 모습을 그린 곡이다. 음악을 잘 모르는 우리들도 흥겹게 들을 수 있고 강렬한 터치에서는 전율이 흐른다.

역시 베토벤의 피아노 소나타는 난해한 것 같다. 1악장부터 4악장까지 열심히 들었지만 밝고 발랄한 기분이 들고 피아니스틱한 훌륭한 효과와 탄탄한 악상에 의한 초기의 명랑함과는 비교되지 않는 굴절이 풍부한 음악적인 세계가 조명되어 있는 것 같다. 마지막 터치가 밝고 화려한 악장으로 젊은 희열의 감정이 약동하는 세계에 나도 잠시 몰입해 있었다.

알맞은 크기로 음악이 울려오고 나와 음악은 하나로 융화되고 나의 감정은 차츰 승화되어 가고 있었다.

고개를 숙이고 웃으며 인사하는 그녀의 모습 앞에 우리는 몇 번이고 기립박수를 보냈다. 박수를 치고 또 치고 가슴이 뭉클해졌다. 내일 모레면 육십이 다 되는 나이에 저토록 정열적으로 건반을 두드리며 감정의 희로애락을 표현하는 그 저력은 과연 어디에서 나오는 것일까. 그 작은 체구에서 품어져 나오는 정열은 쉬지 않고 쏟아지는 활화산인가, 아니면 저축해 두었던 영혼의 미소인가…….

끝나고 간단한 파티가 있었다. 다과와 음료를 마시며 지나간 이야기, 세월의 긴 여울을 더듬어 가며 강과 산 바다의 굴곡을 이야기하고 웃고 또 웃었다. 중학교 때 우리는 'Silver

Bell'란 그룹을 만들어 어울렸는데 그때에는 그룹을 결성해 친구들끼리 지내는 것이 유행이었다. 어렸을 적 친구 모임은 오직 이것 하나뿐이다. 그래서 모임에 가면 오랜만에 만나 반갑고 또 섭섭한 점이 있어도 얼굴을 보느라면 눈 녹듯 사라진다. 문단에 등단한 Y, 일찍 남편을 잃고 아들과 꿋꿋이 살아가는 J, 지금까지 열심히 직장에 근무하는 S, 그리고 오늘 음악회를 한 R, 모두 같은 그룹이었다.

 난 무엇을 하면서 인생의 수채화를 화려하게 물들였는지 허탈한 마음이 주마등처럼 스쳐간다.

 가정이란 화초 속에서 그들의 잎이 피고 꽃이 필 때 난 기쁨과 행복의 단어를 음미하지 않았던가. 여러 인생의 종류 중 내가 살아온 이 길은 화초의 성장과정을 보며 보람과 성취감을 느끼는 나만의 방정식이 아니던가.

 음악회장의 문을 밀치고 나오니 뺨에 느껴지는 밤 공기가 무척 시원하다. 뻥 뚫린 내 마음의 여백을 차디찬 공기가 가득 채워줄 듯이 휩싸여 온다. 그래, 나에겐 나의 방정식이 있는 거야.

(2000)

박물관 소묘素描

 노란 국화의 향기가 싱그럽다. 오랜만에 남편과 같이 박물관에 강의를 들으러 갔다. 오늘의 주제는 불교의 금속공예란다. 경복궁을 들어서니 소풍 온 학생들로 박물관 안이 소란하다. 가을의 정취를 느끼기 전 아이들의 즐거운 모습을 보니 아련히 어렸을 때 생각이 난다. 낙엽의 색깔은 빨강으로 몸부림을 시작한다.
 빠알간 물에 염색하기 전 파란 잎이 더욱 선명하고 한가로이 그늘에 앉아 차를 마시며 담소하는 사람들이 눈앞에 들어온다.
 부지런히 강의실에 도착해 보니 꾸벅꾸벅 조는 사람도 있고 두 눈을 반짝이며 교수의 강의에 열중하는 모습도 보인다. 우리 것을 지키고 보존하려는 정성이 엿보인다.

옆에서 무슨 소리가 나서 돌아보니 남편도 졸고 있다. 마누라의 강요에 못 이겨 따라와서, 더구나 강의는 재미없는 불교의 금속 공예이니 조는 것이 당연한 일이다.

무엇인가 알고 싶어 나오는 사람, 자신의 허영을 충족시키기 위해 나오는 또 다른 이도 있을 것이니 백양백태의 모습이다. 커피를 조금 마셔본다. 강의를 들으며 마시는 그 향기는 무엇에 비할 수 있을까.

불교의 금속공예는 청동기 시대에 시작되어 철기 시대를 거쳐 삼국, 통일신라, 고려, 조선시대까지 이어져 왔다. 청동기 시대에는 금·은테의 장신구류와 이기利器류, 일반 생활 용구, 장기류, 차와 마구馬具류를 비롯한 다량의 공예류에 속한 종류가 출토 보존되고 있고 통일신라시대에는 당唐의 영향과 불교 문화의 전성기로 금속 공예에서는 불구류佛具類와, 화려하고 섬세하게 고도의 기술이 가미된 불가사의한 기법과 제조 기술이 나타난다.

그러나 고려에 이르러 송宋, 요遼, 금金 등 북방 기마민족의 영향으로 중국적인 대륙의 기초가 고려 문화의 각 분야에

반영되어, 미술계통에 있어 창조적인 것이 못되고 타락하여 불교의 부패로 이어졌다. 또한 통일 신라와 같이 순수하고 기력이 넘친 국제적인 걸작 공예품이 창출되지 못하고 있다.

고려왕조를 멸망시키고 새로히 등장한 조선왕조 시대에는 정치적인 이념으로 배불숭유 사상이 지배하여 고려시대와 같이 창조적이고 섬세, 화려한 공예품이 나타나지 못하고 오히려 더욱 퇴조하여 도식화되고 만다.

학예사는 불구류의 범종제도 기법을 설명하면서 얼마 전 공연된 오페라를 신랄하게 비평했다. 범종을 만들면서 어린아이를 넣고 그 장면을 가장 클라이맥스로 장식하는 우리의 무지한 상식을 한탄했다(붉은 쇳물에 녹아나는 어린이의 영혼). 외국인이 볼 때는 한 인간의 생명의 존엄성을 무시하는 무지의 극치라는 것이다. 고개가 끄떡여진다.

지루하지만 강의가 끝나니 머리가 맑아져 뜰을 거닐었다. 복잡한 상념의 그림자들이 다 사라지는 느낌이다. 텅 빈 머리를 강의로 채우고, 나는 걸음을 떼어 놓으며 졸고 있던 남편의 머릿속도 무엇인가로 꽉 채워졌겠지, 즐거운 기대도 해본다. 서로 충만된 두뇌를 가졌으면 무슨 문제이든 해결을 못할까…….

  낙엽이 되기 위해 기다리는 녹색의 잎들이 그 과정을 중요시 하듯 나도 채우기 위한 한 과정을 지나고 있다고 생각한다. 중국어로 무엇인가 설명하는 마이크의 소음도, 수문장 교대의식의 절차를 재현하는 취타대의 나팔 소리도 정겹게 들린다. 조선시대 왕실 호위 문화의 정수라는 수문장 교대 절차는 정궁이라 불리는 경복궁의 정문인 광화문에서 선보인다. 이 모두가 박물관에서만 들리는 합창곡의 전악장이 아닌가.

  하늘도 하나의 도화지. 주황빛으로 발그레한 하늘을 배경으로 구름은 끊임없이 그림을 그려내고 있다. 오직 박물관의 하늘색 도화지처럼.

(2001)

3박4일

구름과 바다가 어우러진 수평선 그 일직선상의 웅장한 모습 속에 희망과 용기의 섬을 발견한다. 그 속에 천연색으로 화려하게 펼쳐지는 바다의 무도회는 정말 가관이다.

오랜만에 온 식구가 여행을 떠났다. 손주들이 어렸을 때 가까운 콘도에 가서 즐거운 휴일을 보낸 적은 있었지만 이렇게 본격적으로 나들이를 한 것은 처음이다. 큰아들 내외와 손녀 둘 그리고 우리 부부이다.

아들이 결혼한 후 분가해 살다가 우리와 같이 생활한 지도 5년이 되었다. 둘째 손녀가 초등학교에 입학할 때 이사를 와서 지금 5학년이 되었으니 사로 동화가 되어가는 과정인 것이다.

　남편도 힘든 생사의 고비를 넘기고 건강이 많이 회복되었으니 즐거운 마음으로 의기투합해서 온 가족이 피서를 가기로 한 것이다. 선산이 있는 통영을 거쳐 거가대교가 부산까지 개통되었으니 해운대를 둘러보는 여정이다. 남편 친구들이 소식을 듣고 통영과 해운대의 콘도를 예약해 주었다.

　떠나는 새벽길은 비가 부슬부슬 내렸다. 아직까지 장마가 끝나지 않아 걱정은 되었지만 정해준 스케줄에 따라 우리 식구는 움직였다. 남편은 세밀하게 미리 일정을 작성해 아이들에게 알렸다. 우리가 외국여행을 갈 때 가이드가 일정표를 나누어 주듯이 그는 출발시간부터 3박4일의 여정을 빠짐없이 작성해 보여 주었다. 할아버지와 시아버지의 위용을 보여 주는 것 같아 기분이 좋았고 빈틈없는 그의 계획에 찬사를 보냈다.

　아들이 고속도로를 따라 차를 몰고 가는데 하늘에서 물이 쏟아져 나오는 것 같다. 커다란 물동이를 차에다 붓는 것처럼 너무나 많은 비가 내린다. 조심 조심 운전을 하는 큰아들의 뒷모습이 믿음직스럽다. " 조심 조심 그리고 천천히" 보이지 않는 시야 속에 물보라를 일으키며 차는 달려가고, 나는 그 속에서 황홀한 여행을 하고 있다. 물보라 속의 질주, 얼마나 멋진 비의 향연인가.

통영에 도착하니 하늘이 아주 맑다. 중부 지역만 비를 뿌리지 남부 지방은 아주 쾌청하다. 콘도에 도착해 여장을 푸니 푸른 바다가 나의 시야 속에서 로맨틱하게 춤추고 있다. 가만히 바라만 보고 있어도 하늘빛의 사연이 가득한 시가 나올 경치다. 서둘러 통영 시내를 볼 수 있는 케이블카를 타러 갔다. 아이들이 너무 좋아하고 며느리도 무척 기분이 좋은가 보다. 미륵산(해발 460m) 정상 아래 통영 시내를 둘러보니 외국의 어느 미항보다도 조용하고 아름다운 항구도시다. 몇 년 전 홍콩의 야경을 보고 부러워했고 나폴리의 추억도 있지만 지금 가족과 느끼는 이 감정은 바로 행복이다. "내가 있고 너희들이 있어 좋으니 이 아니 행복한가." 나는 조용히 되뇌어 본다.

다음날은 요트를 타기로 했다. 요트를 가진 조카가 있어 온 식구가 타고 한산섬 바다로 나갔다. 제승당이 보이는 곳에 요트를 정박시키고 부자와 손녀가 수영을 했다. 하얀 물이 포물선을 그리며 배가 달려 갈 때의 그 쾌감은 이보다 더할 수가 있을까. 남편은 손녀에게 "이순신 장군이 우리 식구를 초대했어." 하고 농담을 하니 온 식구의 웃음이 파란 하늘 가득하다.

지는 해를 바라보며 요트 위에서 마시는 맥주의 맛은 천하 일미이다. 몇 년 전 헝가리 부다페스트 유람선에서 야경을 바라보며 부다와 페스트를 넘나들던 그 배의 낭만이 생각난다. 그때는 많은 관광객들이 타고 있었지만 지금은 우리 식구뿐 아닌가. 너무나 기쁘고 즐거운 일이다. 신이 주는 축복을 사양 않고 다 받기로 했다.

3일째는 통영을 지나 거제로 갔다. 손녀의 학교 체험 학습 과제가 있어 거제 포로수용소를 갔다.

포로수용소는 6·25전쟁 중 포로들을 수용하기 위해 거제도 고현 수월지구에 설립되었다. 그러나 휴전 협정 조인 후 반공포로와 인민군 포로간의 대립이 극화되었던 곳이다. 냉전 시대의 이념 갈등이 축소화 되어 있는 현장이다. 지금은 일부 남아 있는 건물과 당시 포로들의 생활상, 막사 사진, 의복 등 생생한 자료나 기록물들을 바탕으로 거제도 포로수용소 유적공원으로 다시 태어나 전쟁역사의 산 교육장으로 조성되었다.

남편이 손녀를 데리고 탱크 전시관, 6·25 역사관, 포로

생활관, 무기 전시장 등 여러 곳을 같이 다니며 설명을 하느라고 바쁘다. 특히 여자 포로수용관을 볼 때에는 남자 포로와 동등한 생활을 했을 것을 생각해 그 처절함에 더욱 마음이 아프다. 전쟁이 얼마나 참혹하고 비정한가에 대해 손녀들과 다시금 이야기를 했다.

거제를 뒤로하고 마지막 여정인 부산으로 출발하는 차편은 즐거웠다. 바닷속으로 연결된 대교는 너무나 아름다운 경치와 해저 낭만을 불러일으킨다. 부산에서 기다리던 그의 친구들은 우리를 반갑게 맞이했다. 콘도에 여장을 풀고 화려한 부산의 야경에 취하기 시작했다. 비릿한 바닷내음과 친구하며 싱싱한 회를 먹고, 친구의 우정을 느끼며 바닷가 파도 소리에 취해 추억의 실타래를 풀어내기 시작한다. 두껍게 그리고 가늘게 풀리다가 또 끊어지고, 또 웃고, 어릴 적 소년의 이야기부터 장성한 어른의 무용담까지 옛이야기에 취해 해운대의 밤도 깊어 간다. 마시는 맥주잔 속에 그윽히 떠오르는 여러 얼굴들이 몹시 그립다.

정말 오랜만에 온 가족이 여행을 했다.

살아있고 살아왔다는 존재감 속에 스치듯 지나가는 아련한 잔상들을 기억하면서 즐거움 속에 우리는 몰입해 갔다.

어쩌면, 손녀들과의 마지막 여행일지도 모른다는 생각이 들어 괜히 울컥해진다. 부지런히 다닐 수 있을 때, 건강할 때, 만나고 싶은 친구들 만나고 여행을 열심히 하라던 어느 선배의 말이 생각난다. 나는 행복을 "자기 만족"이라고 생각한다. 마음이 평온하고 만사에 만족하고 있으면 이 세상 모든 일이 장밋빛으로 아름답게 보인다. 우리는 마음이 스펙트럼으로 모든 일을 보기 때문이다. 스펙트럼 색깔의 밝고 어둠에 따라 무지개 빛깔처럼 다양하기 때문에 똑같은 사물을 두고도 장소와 때에 따라 마음의 빛이 좌우된다는 이야기다. 손녀들과의 여행은 이 행복의 극치이다. 지금 인생의 기본 행복 조건만으로 자기 만족을 하며 살아도 언젠가는 공空으로 돌아갈 수 있는 현실이다. 그러나 나는 다시금 어느 곳으로 누구와 행복한 여행을 떠날까 생각이 분주하다. 다시 출발하는 거야.

(2010)

제사

현관문을 밀치고 들어서는데 난의 향기가 그윽하다. 발걸음도 경쾌하고 느끼는 감촉도 사뭇 다르다. 예부터 고결한 선비는 난을 가까이 두고 사랑했으며 그 난초가 꽃을 피울 때에 가장 고귀한 손님을 초대했다고 한다. 격조 높은 자태를 지니고 물도 햇빛도 흙도 적당히 싫어하는 그 까다로운 성격이 나는 좋다. 비위를 맞추며 피워낸 꽃이니 어찌 사랑스럽지 않을까.

난의 향이 집의 거실을 가득 채우면 하나의 행사가 찾아온다. 시골에 계시는 시아버님을 비롯하여 모든 친척들이 모여 치르는 가장 큰 행사인 시어머님의 제사다. 이 제사를 지내기 위해 나는 해마다 삼월이 되면 마음이 분주하다. 미리 생선을 말리고 시장을 몇 번씩 다니며 준비를 하고 가장 중요한 지방紙榜과 축문祝文도 쓴다.

30여 년 전 시집와서 처음 맞는 제삿날 시아버님이 나를 부르셨다. 자상하게 웃으시며 민력民曆을 보여주시고 지방과 축을 찾아 쓰는 법을 자세히 설명해 주셨다. 학교 다닐 때부터 서예를 즐겨했던 나는 쉽게 적응해 나갔고 해마다 몇 번씩 있는 제사에는 목욕재계하고 경건한 마음으로 조상을 생각하며 글씨를 썼다. 가문의 명예를 드높인 조상들의 함자를 짚어가며 그분들의 직함과 행적을 더듬어 보노라면 앞으로 자신의 인생목표가 뚜렷해졌다.

그런데 축문은 정말 이해하기 힘들었다. '유세차維歲次'로 시작하는 어려운 한자의 뜻도 그렇고, 찾아서 써 놓으면 그것을 읽는 남편의 목소리는 항상 긴장해 있고 그것을 듣는 나까지 더욱 긴장을 하니, 이제는 우리말로 해석을 해서 풀어 써야만 될 것 같았다. 구십이 넘으신 시아버님이 살아 계시는 동안은 어쩔 도리가 없지만 이제는 변화를 주어야 할 것 같다. 아들이 그 축문을 읽을 수가 있을까 걱정이 앞서니.

가족이란 지극히 중요한 인연에 의해 부모와 자식, 형제와 부부의 관계로 형성된 공동체다. 이 공동체는 상호간의 애경愛敬과 화합을 전제로 구성된다. 또 그들은 사랑과 자비가 포함된 생명체의 결합에서 시작한다. 부모와 자식의 관계는 자비를 바탕으로 피와 살을 나누고 생명을 나눌 때 이루어진다. 그래서 효孝는 생명의 근원에서 이루어 나오는 사랑이고 자비이다. 효의 의미를 깨닫지 못하고 사랑을 할 수는 없는 일이다. 부모가 노쇠해 있는데도 부양하지 않고 저만 풍족하게 산다면 그는 파멸에 이르리라는 말이 부처님의 경전에 나와 있다.

경전의 말씀을 요약하면 오늘의 내가 있기까지 크나큰 사랑을 베푼 부모님의 은혜를 생각하며 효은과 공양으로 보답하라는 것이다. 그러나 우리의 주위에는 아직도 인간의 외모를 한 동물적인 모습들이 사라지지 않고 부모도 몰라보는 자식이 있다. 내가 부모를 공경하고 효행孝行을 할 때 나의 아들들도 효의 근본을 진실로 깨달을 것 같다.

사십 년 가까이 모셔온 제사. 주위 친척이나 친구들은 내가 모자라고 생각이 부족해서 이런 행동을 한다고 했다. 그러나 정성껏 제물을 준비하고 차려내는 그 속에 조상에 대한 나의 마음도 모두 응고되어 있었다. 조심스럽게 꽃망울을 열고 살며시 피어오르듯 미풍에도 넘어질 것 같은 연녹색 꽃대를 부둥켜안고 고고히 서 있는 난의 자태, 난초의 그 모습에서 나는 항상 우리 집안의 모습을 보았다. 그리고 해마다 찾아오는 연례행사를 묵묵히 했던 나는 늘 미소를 짓곤 했다.

이런 제사를 접은 지도 2년이 되었다. 주위의 친척들이 기독교로 개종改宗을 해서 나 역시 따르다 보니 선조들의 뜻을 거스르는 것 같아 항상 죄송하다. 봄이 되어 난의 향기가 거실을 가득 채울 때 돌아오는 제사에 압박을 느끼며 난 항상 편안하지 못한 마음으로 일상을 보낸다.

추모追慕예배를 드리면서도 축문과 지방 쓰는 법을 가르쳐 주시던 시아버님의 환상에 마음이 불편하다. 얼마나 세월이 흘러야 이 마음의 빚에서 헤어나 즐거운 마음으로 경건한 예배를 드릴 수 있을지. 나는 지금도 오리무중에서 한 가닥 빛을 찾아 헤매고 있다.

(2004)

배낭 여행

아버지 어머니께.

안녕하셨어요. 저는 런던에 잘 도착해서 관람을 하고 파리 → 마드리드 → 니스에 와 있답니다. 몸은 건강히 잘 있어요. 아직까지도 외국이라는 것이 실감이 잘 안 납니다. 아직 버너를 못 사서 매일 빵과 콜라만 먹고 있답니다. 오늘은 니스 해변에서 수영을 하고 내일은 로마로 갈 예정입니다. 현재는 무사히 잘 여행하고 있으니 걱정마세요. 정진이는 잘 있는지요. 그럼 이만 줄일게요. (1991.7.18 김한수가)

아주 늦은 시각 새벽 2시쯤이다. 전화벨이 울렸다. 아들의 다급한 음성이 들려온다. "엄마, 여기 로마인데요. 제가

기차역에서 소매치기를 당했어요. 가지고 있던 지갑이 없어졌어요. 어떻게 해요……." 전화를 끊고 밤새도록 뜬눈으로 지새며 걱정을 했다. 나는 우리 아들이 이태리에서 굶어 죽는 것이 아니냐고 남편에게 화를 내며 투정을 부렸다.

옛 글을 꺼내보니 큰아들이 대학교 때 유럽으로 배낭여행 가서 보낸 엽서가 나온다. 은빛 파도가 파란색을 일으키고 밀려오는 니스 해변 사진이다. 힘든 상황이었지만 그 아이에게 잊을 수 없는 추억을 만들어 주고, 그리고 힘든 생활도 해보아야 한다고 보낸 여행이었다.

특히 로마에서 당한 아들의 소매치기 사건은 두고두고 우리들의 이야깃거리가 되어 우리를 즐거운 추억의 대화 속으로 이끈다. 급하게 걸려온 전화에 외국에 있는 아들이 굶지나 않는지 걱정 끝에 로마 친구에게 전화해 돈을 융통했다. 그 사건은, 지금 생각해도 황당하고 절박했다. "엄마……." 들려오는 아들이 당황해하면서 울먹이던 목소리는 지금 생생히 기억의 저 숲에 저장되어 있다. 난 항상 그 아이로 인해 즐거웠고 기뻤고 행복했다. 유난히 공부도 잘하여서 엄마의 자긍심을 높여주는 한편 울적한 마음도 잘 헤아려주던 아들이었다. 딸 가진 친구들이 0순위 사윗감으로 점칠 정도

였으니…….

 당시의 집안 경제 사정은 그리 좋은 편이 아니었다. 남편의 사업 실패로 모든 것이 물거품이 되고 시댁인 M시에 내려가 친구의 사업을 맡아 하던 힘든 시기였다. 남편과는 상의도 없이 나는 아들을 유럽 여행을 보내기로 결정했다. 넓은 세상에서 많은 것을 보고 체험과 활동을 하며 삶의 두터운 궤적을 가질 수 있는 커다란 꿈을 가진 아들이 되기를 바랐다.

 창문 너머로 싱그러운 풀향기가 들어온다. 아주 상쾌하고 신선한 냄새이다. 향기는 바람을 타고 오고 냄새를 맡으면 바람이 어디 다녀왔는지 알 수 있다.

 장미꽃밭을 지나온 바람에게는 장미 향이, 바다를 다녀온 바람에게는 바다 냄새가 난다. 소나무 밭에서 놀다 온 바람에게는 향긋한 솔향기가 신선하다. 사람에게도 향기가 있다. 아기의 풋풋한 살 냄새에는 부모의 사랑이 담겨있고 젊은이의 땀 냄새에는 미래가 담겨있고, 할머니의 손에서는 베풀어 주는 삶의 향기가 있다. 아들의 내면의 향기가 실제 체험을 통하여 인생의 앞길을 개척해 나가는 커다란 지표가 되기를 바라고 있다.

배낭여행, 그리고 로마의 해프닝, 모두가 아들의 삶을 풍요하게 만드는 밑거름이 될 것이다. 어두운 인생의 앞길이 보이지 않을 때, 검은 장막이 우리 주위를 뒤덮을 때 희망과 행복이라는 두 단어를 기억하자고 아들에게 이야기하고 싶다. 지금 너의 위치가 어디쯤일까 다시 살펴보자고.

(2000)

119 소동

"아니 아기가 왜 그러니." 갑자기 쿵 하고 소리가 나더니 아이가 자지러지게 운다. 아침부터 손자가 열이 있었다. 별 생각 없이 죽을 먹이고 바로 병원에 데려갈 계획이었다. 뛰어가 보니 남편이 아이를 안고 울상이다. 하얀 눈동자가 굴림이 흐려져 있고 손을 비틀면서 새파랗게 죽어가고 있다. "어떻게 해, 어떻게 해……."

내가 비명을 지르니 딸아이가 쫓아온다. 빨리 119로 전화하라고 말하고 큰아들은 학교에서 배운 대로 조카를 눕히고 인공호흡을 시키느라 열심이다. 애처롭기 그지없다. 손자의 생사가 급박하다. 뒤이어 경적을 울리며 119 구급차가 도착했고 아이를 안고 할아버지는 사라졌다. 나는 아이가 없어 멍하니 천장을 쳐다보다가 완전히 혼이 빠져 나갔다. 잠시 후 정신을 차리고 출근한 아들에게 전화를 걸어 손자가 쓰러졌다는 이야기를 하고 곧 오라고 했다. 나도 뒤따라 병원으로 달려가니 아이는 응급실에 누워있고 의사들의 발소리로 분주하다. 열이 39도에 경기까지 일어나 그 지경에 이르렀으니 이를 어쩌지……. 의사들은 아이 옷을 벗기고 찬물로 마사지하면서 항문에 해열제를 넣고 응급처치가 한창이다. 아이 셋을 나아 30년 키우면서 한번도 이런 경우를 당해 보지 않아, 나는 정말 생명生命 앞에 부끄러움을 느낀다.

아이들은 태어나면 건강하게 자라서 자기의 몫을 다하는 하나의 생명체로 제구실을 다하는 것이 당연하다고 생각했는데, 이렇게 힘들게 생사기로를 넘나들 수 있구나 느끼니 생명에 경외敬畏감이 생긴다.

아이가 태어나면 우리는 커다란 기대와 희망을 가진다. 아들일까, 딸일까에서 그 아이가 점차 커서 어떠한 사람이 되어서 나를 기쁘게 보람 있게 해줄지 황금빛 희망을 가져본다. 그러나 기대대로 커 주지 않는 것이 자식이다. 손자는 할아버지, 할머니의 큰 보람이다. 자식에게 느껴 보지 못했던 천진함과 소중함, 귀여움의 극치가 바로 손자가 아닐까. 옛말에 눈에 넣어도 아프지 않는 것이 손자라 했는데 그 사실을 실감하며 지내고 있다. 사랑한다는 것은 미움을 동반한 이율배반적인 면이 있는데 손자에 대한 사랑은 절대적이다. 어느 시 한 구절에 나오는 사랑하고 사랑해도 사랑할 수밖에 없다는 이야기이다.

그 아이가 응급실에 갑자기 실려갔는데 나의 마음은 어떠했을까. 모든 잘못이 나에게 있는 것 같다. 아 자책이 든다. 갑자기 일어난 손자의 응급실행은 나를 가장 슬프고 가련한 할머니로 만들었다.

옆에서 며느리가 같이 있었지만 그 아이도 당황하기는 마찬가지이다. 나보다 더 울고 어찌할 줄 몰라 쩔쩔맨다. 하나님이 점지해 주신 생명이니 존귀하고 보람있게 키워야 하는데 이런 실수를 하다니……. 아이들이 자라면서 여러 가지 질병에 노출되어 열도 나고 아프기도 한다. 그러나 경기가 나서 이렇게 응급실까지 가는 것은 정말로 상상도 못할 일이다. TV나 뉴스에서 가끔 그런 이야기가 나오면 강 건너 불구경 하듯 무심했는데……. 불행이란 나 아닌 다른 사람에게만 있는 단어인 줄 알았다.

하나님이 벌을 주신 것 같기도 하고 아주 커다란 과제를 주어 삶을 다시금 겸손하게 살아가라고 경종을 주는 것 같다. 다시금 내 자신의 삶을 되돌아 본다. 마음에 상처가 있고 삶이 쓰러져 있다 할지라도 희망을 품고 살아야 한다고. 그것이 지금은 조그만 애벌레지만 언젠가는 하늘을 나는 나비가 될 거라고 믿는다.

인생은 피할 수 없는 한판 승부이다. 내 자신 그 자리에 꿋꿋하게 서 있어 나의 것을 내려놓으니 더욱 높은 것이 보이게 된다. 나의 작은 손주가 더 높이 높이 날아갈 수 있도록 마음의 여유를 가지고 지켜볼 뿐이다. 가야 할 곳이 결정되지 않았으면 그 자리에 머물러 있는 것이 지혜라고 속삭이면서.

(1998)

생년월일生年月日이 언제지요

　　침대에 누워 수술실로 간다. 옆에서 걱정스러운 눈으로 바라보는 남편의 얼굴이 스친다. 나는 눈을 꼭 감고 무념의 상태로 누워있다. 가장 아름다운 것은 눈으로 보는 것이 아니라 눈을 감고 보아야 소중하게 떠올려진다고 하니…. 눈을 뜨면 괜히 나의 모든 것을 상실할 것 같은 기분이 드는 것은 무슨 일일까. 손을 꼭 잡아주는 그의 체온을 느끼며 썰렁한 수술실로 미끄러지듯 들어갔다. 눈을 떠 보니 천정에 하이얀 등이 가득하다. 어지러워 주위를 살펴 보지도 못하고 그 싸늘한 분위기에 압도되고 만다. 너무 초라한 내 모습이 한없이 가엽다.

이 간호사가 곁으로 다가온다.

"생년월일生年月日이 언제지요?"

"이름은, 어느 부위를 수술하나요?"

나는 조용한 음성으로 정확하게 대답한다. 그러자 간호사는 다시 말을 덧붙인다. "문의사항이나 불편한 점이 있으면 저를 부르세요." 간호사의 음성을 곁으로 흘리며 나는 마음의 준비를 하고 누워있다. 갑자기 수술실이 시끄러워 진다. 꼬마아이의 울음소리가 더 크게 들린다. 아이가 겁에 질려 큰 소리를 지르며 울고, 옆의 엄마는 달래기 바쁘다. 보호자의 입장이 수술실에는 금지이지만 아마 어린아이는 예외인가보다. 나도 마음을 다시 비우고, 생生과 사死의 분기점에 서 있는 나의 처지가 외롭기도 하지만 다시 희망을 가질 수 있는 인생이 있을 거라고 용기를 가져본다. 인간이 극한점에 도달하면 모두가 성자가 된다고 했던가. 나도 여지껏 살아온 즐거운 일들만 떠올려 보기도 하지만 힘들고 괴로운 시간들이 더 많이 뇌리를 스친다. 그리고 다시 다짐한다. 나는 반드시 웃으며 이 방을 나가리라고……. 다시 내 이름을 부른다. 손에 차고 있는 팔찌를 확인하는가 보다.

멀리서 하얀 날개를 단 천사들이 날아온다. 나도 하얀 옷을 입고 한없이 걸어가고 있다. 여기가 어디쯤일까. 자꾸만 누가 나를 부른다. "생년월일은요 이름은……." 내 이름이 그렇게 간절히 불려질 때도 있나, 말은 하지 못하고 고개만 끄덕인다. 눈을 뜰 수가 없다. 멀리서 들리는 나의 이름이 그렇게 정겨울 수가 없다. 다시 내가 내 이름을 차지했구나. 내가 돌아온 거야.

처음 암이라는 이야기를 듣고 너무 실망해서 긴 밤을 눈물로 지새기도 했다. 그러나 내려놓고 바라보는 관조의 생활로 되돌아간 즈음에는 마음의 평화를 되찾았다. 주위에서는 공주암이라고 나를 위로했지만 내 생각은 달랐다. 모든 위급상황은 항상 일어날 수 있는 상태이고 그 최악이라는 것이 반드시 나를 비껴간다고 장담할 수는 없다. 다만 나를 비우고 또 비우고 공수거 공수레 하면서 걸어가면 가벼운 마음으로 남은 인생을 덤으로 살지 않을까. 마무리하지 못한 여러 일상들이 주마등처럼 떠오른다.

병실에서 바라보이는 창 밖의 설경은 한 폭의 수채화이다. 하얗게 눈이 내린 언덕에 앙상하게 서 있는 나목들의 그 용기를 나는 찬양한다. 사랑한다고 너에게 가고 싶다고 하늘로 올라가는 나목의 진실은 무엇일까. 바라보던 나의 눈가에 촉촉히 눈물이 맺힌다. 오묘한 색깔의 하이얀 정점, 나를 그대를 사랑한다. 갑자기 산등성이로 빨간 모자가 나타나고 하얀 파카가 뒤따른다. 부인이 앞서고 남편이 그 뒤를 따르나 보다. 건강을 위해 등산하는 부부의 모습이 정겨워 보인다. 문득 산에 같이 가기를 강요하던 남편생각이 났다. 저렇게 아름다운 그림으로 남을 모습인 줄 미처 몰랐다. 다시 생각을 고쳐 나도 퇴원하면 남편 손 꼭 잡고 같이 산에 오르리라. 갑자기 버지니아울프가 말한 "인생은 투병이다."라는 이 구절이 나의 마음을 울린다.

4 가족

변함없는 친구 같은 동생 댁 • **김경애**
나의 올케 • **김문자** | 아버지 영전에 바칩니다(49재를 맞이하여) • **김문자**
클래스메이트에서 소울메이트로 • **김상호** | 동호동락同好同樂 • **김상호**
사랑하는 어머님께 • **김한수**
어머니께 드리는 글 • **김정수** | 우리 엄마 • **김정진**

변함없는 친구 같은 동생 댁

김경애

  요즈음 누군가 나에게 지난날의 어느 한 시점을 기억해 얘기해 보라고 한다면, 나는 그 사람과 대화를 끝낼 각오를 해야 한다. 근래에 와서 유별나게 기억력이 감퇴된 것에 대해 둘째 낳고 많이 아팠던 것 때문이라 핑계 대보곤 하지만, 실은 나이 탓인 것 같다. 이렇듯 세월이 흘러 기억이 흐려졌다 하더라도, 동생 댁 한수 엄마가 문집을 내는 데는 어떻게든 기억을 더듬어서라도 한 페이지 참여해야 할 것 같다. 그만큼 나는 이 친정올케를 좋아하기 때문이다.

내가 어렸을 때는 지금과 달리 대가족이 한마을에 오순도순 살았었는데, 우리 경주 김씨 일가도 마산의 한복판에 모여 살았다. 사촌·육촌 할 것 없이 친형제와 마찬가지로 큰집들을 뛰어다니며 놀았고, 내가 완월초등학교 5학년 때 부산으로 이사 가기 전까지는 거의 매일 동생 문자상호와 함께 어린 시절을 보냈었다. 그 후 모두 서울로 와서 만났지만, 대학생활은 서로가 바빠 옛날처럼 자주 만나지는 못했다.

내가 둘째아이를 낳고 얼마 안 되었던 35년 전쯤에 상호 동생이 이지적이면서도 청초해 보이는 여학생을 데리고 놀러 왔었다. 처음 봤을 때부터 웬지 마음에 쏙 들었는데, 지금 생각해보니 내 남편의 같은 대학 과후배라는 친근감과 일찍 어머니를 여의었다는 동병상련 때문이었던 것 같다. 만나던 첫날 집 근처의 카페에 가서 맥주를 마시면서 많은 얘기를 했었다. 상호 동생은 항상 새로운 유머와 재치있는 화술에 있어서 타의 추종을 불허하였는데, 올케는 그의 짝으로서 조금도 손색없는 아니 좀 더 앞서 있을 것 같은 느낌을 갖게 하였고, 나는 두 사람의 만남과 사랑을 축하해 주었다.

결혼 후 동생과 올케는 마산에 살아 서로 안부나 전하면서 지내다가, 동생이 사업을 시작해 서울로 오게 되면서 우리는 다시 자주 만나게 되었다. 내가 처음 느낀 대로 올케는 매사를 배운 사람답게 잘 처리했고, 내가 힘든 일이 생겨 의논을 하면 마음에 와 닿는 현명한 해결책을 제시해주는 친구 같은 올케였다. 나는 이 올케가 전업주부로 지내기보다는 자기의 능력을 사회를 위해 발휘한다면 누구보다 훌륭히 해낼 수 있을 거라 생각했고, 동생이 허락하지 않아 가정 속에서만 있는 것이 안타까웠다. 그러나 올케는 가정 속에서도 능력을 발휘해, 집안의 문제들을 잘 처리하고, 둘째며느리이면서도 정성들여 조상의 제사를 받들었으며, 그 많은 형제자매가 우애있게 지내는 데 큰 역할을 하였다.

동생 댁 고계자 여사!

우리 남은 생을 사는 동안에도 건강하고 행복하게 삽시다.

올케의 수필집 출간을 진심으로 축하합니다.

나의 올케

김문자

　오랜 세월을 같이해준 친동생 같은 올케가 나는 좋다. 올케가 문집을 낸다기에 글솜씨 없는 사람이지만 진심으로 축하해 주고 싶어 몇 자 적고자 한다.
　지금 이 순간의 나를 더없이 사랑하고, 많은 욕심들을 내려놓고 홀가분하게 마음이 주는 평화를 그리며, 마음속에서 추억을 즐길 여유가 있어 글을 쓰는 올케가 무척 부럽다.
　올케와 나는 끔찍한 6·25 전쟁으로 올케가 마산으로 피난 와서 만나게 되었고 내 친구였던 숙자(지금은 먼 하늘나라로 갔지만)의 동생이 올케가 되었다.

　나의 남동생과는 같은 초등학교에서 서로 만나 사랑하여 부부의 인연을 맺게 된 것이다. 나는 이때 문득 우리가 예측할 수 없는 우연을 생각하기도 했다. 우리 형제는 8남매로 2남6녀의 다복한 가정이었고, 당시 매우 유복한 가정환경에서 자랐기 때문에 많은 사람들의 부러움을 사기도 했다.

　나는 늘 소심하고 내성적인 성격이어서, 외향적이고 적극적인 올케의 성격이 부러웠다, 나는 대학 전공도 가정학과를 선택했고 올케는 행정학과를 택했다. 자기의 성격대로 전공을 고른 것 같다. 졸업 후 올케는 자기 능력대로 사회에 크게 공헌해도 될 자격이 있었는데도 불구하고, 보수적인 친정집의 사고방식과 남동생의 반대로 결국 전업 주부가 되었다. 나는 매우 안타깝게 생각했다. 때리는 시어머니보다 말리는 시누이가 더 밉다는 속담도 있지만 여섯 명의 많은 시누이들 틈 속에서 조화를 잘 이루며 따뜻한 형제애를 갖게 해준 것이 늘 고마웠다.

　할 말을 다 하면서도 절제된 감정과 생생한 이미지, 적격한 언어의 선택으로 글을 쓰는 올케가 부럽기도 하다. 우리 형제들은 여러 번 같이 외국 여행도 하여 아름다운 추억들이 많이 있다. 그때를 되새겨 보며 기쁨과 감사를 느낀다.

꽤 오래전부터 우리는 같은 동네에 살면서 우리 앞에 주어진 현실 속에서 기쁨과 감사를 느끼며 재미있게 살고 있다.

항상 분위기를 띄우는 유머러스한 남동생의 재치 있는 말솜씨로 우리는 웃음이 넘치며 잔잔한 행복을 느끼고 있다. 올케가 나이에 비해 젊음을 유지하는 비결이 동생의 성격 탓이 아닌가 싶다.

하루를 잘살게 해주시는 창조주께 감사하며 욕심 부리지 않고 행복의 조건들을 찾으며, 우리 부부와 함께 신앙생활도 같이하고 있다. 신이 우리에게 허락하신 인생을 감사하며 행복하게 살려고 노력하고 있다.

살아온 발자취를 한 권의 책으로 남기는 올케를 진심으로 축하하며, 우리 함께 늙어가지만 당신(하나님)이 내리신 은혜에 감사하며 젊음을 잃지 않고 사는 삶을 살고 싶다.

아버지 영전에 바칩니다(49재를 맞이하여)

김문자

고우셔라
아! 고우셔라
아버지 가시는 길
고우셔라

오! 환희지 보살이여
반야의 나래여라

아버지 생전 삶
솔처럼 늘 정정하시고
죽같이 곧으시어
매화 한 송이 여여로움이여
가시는 길도 이토록 고우십니까?

맑으셔라
오! 맑으셔라
아버지 가시는 길 맑으셔라
한 폭의 그림인 양
연화좌에 오르셨습니다

아버지 걸음 걸음
청정하심 지고하여
뒷사람들의 귀감이어라
멸진보살이여
해탈하소서

땅을 버리시고 바람을 놓으시고

당신께서 담으셨던
연緣도 비우시고
초연히 가셨습니다
아버지 나의 아버지

클래스메이트에서 소울메이트로

김상호

　가을이 오는 길목에서 홀로 떨어진 연약한 나뭇잎을 주워 들었다. 나뭇잎은 먼저 떨어진 패배자의 모습이 아니라 자신의 존재가 당당함을 과시하는 삶의 징표이다. 옷깃만 스쳐도 인연이라는 단어가 문득 떠오른다. 쌓이고 모아진 우리의 인연은 60년 전으로 거슬러 올라간다. 초등학교 3학년, 6·25 전쟁으로 인해 아내는 피난을 이곳 마산으로 왔다. 같은 학교에서 한반이 되어 공부하게 되면서 우리의 인연은 시작되었다. 내 아버님께서 우리 집 바로 앞에 집 한 채를 마련해 주셔서 아내의 식구들은 피난살림을 시작했다. 우리는 같은 반에서 공부하게 되어 매일 아침이면 학교 갈 때 돌아가신 장모님의 배려로 아내를 데리러 가게 된 것이 큰 인연이 되었다. 또한 어린 마음에 같이 등교하는 것이 무척 좋았다. 설레고 기쁘기도 하고……. 지금 생각하니 단발머리에, 서울 말씨에, 총명스럽고 단아한 얼굴이 좋았다. 또 학교가 끝나면 집 앞 마당에서 숨바꼭질, 깡통차기, 달리기 등으로 장난치며 놀던 그 어린 시절이 무척 기억에 남는다. 함께 뛰놀고 즐거웠던 시절도 잠시, 2년도 못 되어 다른 지방으로 아버지 따라(은행원) 이사를 가게 되어 전학을 가 버렸다. 초등학교 졸업을 일 년 남기고 떠난 것이다. 그 후 서로 편지를 주고받으며 우정을 나눈 것이 계기가 되어 서로의 소식과 안부를 전하는 것이 일기처럼 되어버렸다. 그리고 중학시절에 편지 속에 서로의 독사진과 친구들과 어울려 찍은 사진을 넣어 보내며 우정을 나누었던 추억이 새롭다.

언젠가는 수학여행을 마치고 돌아오는 길에 직접 만나러 찾아 간 적도 있는데, 지금 생각하면 어린 나이에 그런 겁 없는 짓을 했는지 쓴웃음이 나기도 한다. 그러면서 주고받은 편지가 고등학교 때까지 이어져 수백 통에 이른다. 우체부 아저씨의 발길도 바빴지.

　지금도 천사 같은 배달부 아저씨의 얼굴이 생생히 떠오른다. 고등학교 시절엔 직접 서울로 올라가 중앙청 앞에서 만나 누나들 친구를 앞세워 고궁에서 사진을 찍고 영화관에 갔던 일들이 눈앞을 지나간다. 다시 서울로 대학에 진학하며 서로의 만남은 이어져 갔다. 4·19와 5·16혁명, 6·3데모 등으로 혼란한 대학 시절이었지만, 명동과 무교동에서 막걸리로 갈증을 풀어가며 젊음을 불태웠던 대학시절이 몹시 그립다. 친구들과 같이 동대문 운동장에서 벌어진 정기 고연전의 열띤 응원, 신촌과 안암동을 오가며 막걸리 맛에 취해 젊음을 불태웠던 그 시절이 주마등처럼 스친다. 그리고 대학재학 중 학보병으로 군대 생활을 마치고 복학생으로 남은 대학 시절을 보내면서, 지낸 하숙생활에 많은 힘이 되어 준 것이 가장 고맙기도 하다. 우리는 대학 졸업과 동시에 우정으로 맺어진 부부 사이로 결혼을 하게 되었지. 물론 양가의 많은 반대가 있었지만…. 지금도 어린 시절의 그 단발머리 헤어스타일은 여전하다. 흰머리의 숫자만 늘어날 뿐이지 미장원에 가지 않는 단발머리는 절약의 최대 장점이라 훌륭한 재테크에 일조가 되고 있다. 그것보다 어릴 적의 그 단발머리를 지금껏 지키는 모습은 발랄한 지성의 상징이며 나의 찬사 받는 매력임에 틀림이 없다. 아니 초심을 버리지 않는 마음의 자세는 너무나 아름답다.

이제 우리 식구가 모두 13명의 대가족을 이루며 각자 자기의 목표를 향해 웃으며 살아가고 있다. 오늘도 부엌에서 콧노래를 부르며 즐겁게 음식을 장만하는 아내의 모습은 아름답고 건강해 보인다. 단발머리 소녀가 단발머리 할머니가 되어 오늘도 하루하루에 만족하며 살아가고 있다.

내일을 걱정하지 않는 할머니가 틈틈이 시간을 쪼개어 쓴 글을 한데 모아 책을 편다니 정말 대견스럽다. 등단한 지 오래되었지만 늦게라도 한 권의 책으로 모아 출간하게 되어 정말 축하해 주고 싶다. 한데 어울려 한 편의 인생 드라마를 펼치며 클래스메이트에서 소울메이트로 살아 갈 것을 약속합시다.

다시 한번 책 펴냄을 축하하오.

- 남편

동호동락 同好同樂

김상호

백색의 스포츠 테니스에 심취된 지 어언 23년이란 세월이 흘렀다. 1970년 봄 고교졸업동기생(마산고 19회 졸업)들로 구성된 일구회 테니스회를 조직한 이후 벌써 강산이 두 번이나 바뀌었다.

스포츠에 특별한 소질과 취미를 가질 어릴 때 친구들이 모여 건강도 관리하고 향수를 달래기 위해 시작한 모임이 바로 일구회이다. 이제는 매월 전가족이 모여 화합의 장을 만드는 인생의 가장 즐겁고 뜻있는 모임이 되었다.

우리의 모임은 그때 유네스코 한국위원회에 근무하던 박태현 회원(현(주)금구대표)이 회사 테니스장을 같이 쓰도록 배려해 준 것이 동기가 되어 이루어지게 됐다.

현재 회원은 조중부(명진회장), 제갈선기(한송엔지니어링 사장), 정호순(상은지점장), 박진철(주택은행지점장), 정봉재(현대자동차이사), 박태현, 정수길(국방부근무) 씨 그리고 필자를 포함해 모두 8명으로, 조촐한 모임이지만 매년 봄, 가을 2회에 걸쳐 가족과 함께 친목을 도모하고 있다.

여름휴가 때는 가족 친선 테니스회를 열고 즐거운 여흥시간도 갖는다. 연말 연휴에 부부동반 모임을 갖는 것은 1년 중 가장 기다려지는 행사이다. 몇 년 전 박진철 회원 부인이 이화여대에 재직중인 덕분에 수안보 온천 모임을 이대휴양소에서 가족게임과 온천욕으로 보낸 것은 잊을 수 없는 아름다운 추억이다.

특히 테니스 명문인 모교(마산고)에서 선후배간에 매년 갖는 친선게임은 애교심 고취는 물론 서로의 기술향상에 더없는 기회여서 후배들과 수준 높은 경기를 펼칠 수 있었다.

정봉재 회원은 육사20기 출신으로 군복무시 전육군장교단을 대표했던 수준급 실력자이며 제갈선기 회원과 필자는 연식정구를 일찍부터 했고 나머지 회원들도 스포츠에 많은 취미와 소질을 가진 죽마고우이다. 또한 유치원에서부터 초등학교(마산완월국교)까지 졸업한 친구가 6명이나 되고 같은 대학을(고려대 상대) 졸업한 회원도 3명이나 되는 그야말로 40년 벗들의 모임이기도 하다.

테니스는 복장뿐 아니라 마음가짐도 깨끗하고 행동이 겸손하고 예의바르며 서로를 아끼고 인격을 존중하는 사람들이 하는 운동이다.

필자는 모든 운동을 좋아하지만 특히 테니스만큼 순발력과 판단력을 키우는 데 좋은 운동이 없다고 생각한다.

- 한국 경제신문 1993. 12.

사랑하는 어머님께

김한수

어머니께 이렇게 글을 써보는 것이 언제 적이었던가 잘 기억이 나지 않습니다. 자식이 부모에게 글을 쓰는 것이 어려운 일도 아닌데 저의 인생 46년 중 가장 가까이서 함께 오랫동안 계셨던 분이라 그런 것 같습니다.

이렇게 글을 쓰니 46년 어머니와의 살아온 날들이 한 편의 영화처럼 떠오르네요.

초등학교 시절부터 그 누구에게도 뒤지지 않게 공부, 음식, 옷 등 모든 면에서 어머니는 저에게 최고의 사랑과 행복을 주셨습니다. 오히려 지금 생각하면 동생인 정수와 정진이에게 쑥스럽고 미안할 정도입니다.

아버지께서 사업이 어려우셔서 형편이 안 좋을 때도 어렵게 용돈을 모아주시고 견문을 넓히라고 유럽배낭여행까지 보내주셨을 때 어머니의 저에 대한 사랑은 너무나 위대하고 헌신적이신 그 무엇과도 바꿀수 없는 소중한 것이었다는 것을 느껴봅니다.

저도 결혼을 하고 아이들을 키워보니 부모님 특히 어머니의 자식들에 대한 사랑의 마음을 느낄 수 있었습니다.

결혼 후 직장을 다니며 여러 굴곡이 있었고 지금은 어머니와 함께 살고 있지만 이 또한 제가 어머니와 더 함께 오래 살라는 운명인 것 같습니다.

그동안 마음고생만 하시고 제대로 된 자식으로서의 효도 한번 못해드렸는데 이젠 어머니의 행복과 기쁨을 위해 그동안의 받은 사랑과 행복 어머니께 돌려 드리겠습니다. 진심으로 어머니의 수필집 출간을 축하드립니다.

건강하세요.

어머니, 사랑합니다!

큰아들 김한수 올림.

어머니께 드리는 글

김정수

이 글은 70평생을 글과 함께 살아오신 어머니를 위하여 둘째 아들이 쓰는 글입니다.

제가 어렸을 때부터 느낀 어머니는 정말 다른 어머니와는 다른 분이셨습니다. 항상 합리적이셨고 늘 우리 편이 되어 주신 어머니이십니다. 자식이 어떤 것을 원할 때 한번도 반대한 적이 없는 항상 끝까지 밀어주시는 어머니셨습니다. 그것은 지금도 마찬가지입니다. 제 나이 벌써 사십하고도 중반이 되어가지만 어머니처럼 제 자식들을 위하는 마음은 부족한 것이 사실입니다.

저는 어렸을 때부터 항상 어머니가 자랑스러웠습니다. 물론 어머니가 공부를 잘하셔서 학력이 뛰어나신 것도 그렇지만, 무슨 일이든 합리적이고 현실적으로 해결하시는 모습에서 정말 자랑스러움을 느끼지 않을 수 없었습니다. 특히 어렸을 때부터 자식들이 무엇을 원하는지 미리 아시고, 또한 미래를 앞서가시는 모습에서 많은 것을 느낄 수 있었습니다. 현재 저는 많은 시간을 어머니를 위해서 내드리지 못하는 것이 항상 아쉽고 안타깝게 여기고 있지만 앞으로는 좀 더 많은 시간을 어머니를 위하여 쓰고 싶습니다. 내 인생에서 제일 안타까운 것은 어머니가 좀 더 오래도록 경제적으로 좋은 환경에서 지내실 수 있도록 옆에서 지켜드리지 못한 것이며, 좀 더 오래 사실 수 있다면 언젠가는 꼭 은혜에 보답을 하고 싶습니다. 반드시 그런 기회가 올 것이라고 생각합니다. 또한 저의 어머니의 건강이 허락된다면 오래오래 옆에서 지켜드리고 싶고 내 자식들에게도 자랑스러운 할머니의 모습을 오랫동안 보여드리고 싶습니다. 어머니, 계속 건강 유지하셔서 작은아들이 꼭 효도를 크게 한 방 할 수 있는 기회를 주시기 바랍니다. 조금만 기다리세요.

  그리고 평생 숙원이셨던 책이 출간된다고 하니 정말 축하드립니다. 정말로 어머니가 자랑스럽습니다.

                항상 자랑스러움을 느끼는 둘째아들 올림.

우리 엄마

김정진

"정진아, 뭐하니 - 한준이는……."
"예, 학교 숙제하고 있어요."

수화기를 타고 엄마의 부드러운 목소리가 나의 귀를 울린다. 항상 엄마의 목소리를 들으면 마음이 편안해지고 무슨 일이든지 할 용기가 생긴다. 나의 원천적인 힘의 모태가 엄마이다. 오빠와 나 그리고 아버지를 위해 항상 기도하고 노력하시는 어머니는 나의 표본이다. 어머니는 어려서는 공부를 잘하시고 좋은 대학도 나오셔 촉망받는 여성 지도자가 꿈이셨다고 했다. 그러나 결혼과 동시에 모두 가슴에 묻고 우리 가정의 행복을 위해 노력하시고 올인하셨다. 막내라고 해서 괜히 어리광부리는 것이 아니라 진정한 깨달음이 있을 때 감사했고 자기 일은 스스로 할 줄 아는 사람이 되기 위해 노력하고 있다. 이제와 생각하면 엄마의 인생이 아쉬움으로 가득 차 있을 것 같다. 큰오빠, 작은오빠 그리고 나, 우리가 엄마의 행복을 위해 얼마나 노력했는지, 불효만 저지른 것 같아 죄송한 마음뿐이다. 지금부터라도 얼마 남지 않은 엄마의 인생을 위해 행복의 주머니를 만들어 드리고 싶다. 즐거움과 환희 그리고 기쁨 등……. 행복을 위한 모든 단어들을 엄마를 위해 선물하고 싶다. 다음 생에 태어나서라도 엄마가 하고 싶은 일을 다 할 수 있도록 내가 도움이 되고 싶다. 엄마 정말로 사랑합니다.

딸 정진 올림.

■ 작품평설

고계자의 첫 수필집
― ≪소울메이트의 여정≫의 출간을 축하하며

정진권 | 수필가, 한국체육대학 명예교수

■ 작품평설

고계자의 첫 수필집
– ≪소울메이트의 여정≫의 출간을 축하하며

정진권 | 수필가, 한국체육대학 명예교수

고계자는 일찍이 정봉구 선생의 수필교실에서 공부를 하고 2002년 ≪수필과비평≫을 통해 등단한 수필가다. 나는 정봉구 선생이 타계하신 후 그 후임으로 고계자와 만났다. 일전에 그가 수필집을 낸다면서 그 초고를 나에게 보여 주었다. 우리 함께 공부한 지 어느덧 10여 년, 나는 이제 그런 인연으로 그의 수필집 출간을 축하하려고 한다. 이 글을 쓰려니, 정봉구 선생이 살아 계시면 얼마나 기뻐하실까, 문득 이런 생각이 든다.

고계자는 워낙 과작寡作이어서 글의 양이 그리 많지 않다. 그러나 많지 않으면서 오히려 더 선명하게 자신의 삶과 내면세계를 보여준다. 이것은 이 책의 한 매력일 것이다. 이 책은 '가족'이라는 한 장을 따로 설치하여 그 부군 김상호 선생을 비롯한 여러 가족들의 글을 싣고 있다. 이 점도 다른 수필집에서 흔히 보기 어려운 또 하나의 매력이 아닐까 한다.

고계자를 위한 서序

고계자는 연세대延世大 행정학과 출신이다. 나는 이 사실을 알고 퍽 놀란 기억이 있다. 그가 대학에 다닐 때라면 1960년대다. 여자가 행정학을? 결코 여성을 비하해서가 아니다. 너무도 희귀한 예였기 때문이다. 왜 그는 행정학과엘 갔을까?

> 어렸을 적 나의 희망은 훌륭한 여성지도자가 되는 것이었다. 남자들(행정학과 남학생들 – 필자) 틈에서 홍일점으로 공부도 열심히 했고 신문사(연세춘추 – 필자) 일도 정열을 바쳐 내 몸을 혹사했다. 한편으로는 마음의 반려자를 맞아 행복한 가정을 꾸리는 소박한 꿈도 가졌었다.
>
> − 〈45세의 생일(추억의 책갈피)〉

고계자에게는 훌륭한 여성지도자가 되리라는 꿈이 있었다. 생각건대 그는, 행정학이 그가 꿈꾸는 여성지도자가 되는 데 유용한 학문이라고 믿었던 듯하다. 그러면서 또 한편으로는 행복한 가정을 꾸리리라는 꿈도 가졌었다. 이것은 초등학교 때부터 사귄 남자 친구를 의식한 꿈이 아니었는지 모르겠다. 그러나 당시로서는 이 두 가지 꿈을 동시에 추구한다는 게 결코 쉬운 일이 아니었을 것이다. 하기야 지금인들 안 그러랴. 그녀는 결국 후자의 길을 택했다.

그러나 그렇다고 해서 그가 그 후자의 길에 안주한 것으로 생각해서는 안 된다. 그는 자식으로서의, 아내와 어머니로서의 자신의 삶을 훌륭히 영위하면서 한편으로는 또 끊임없이 자기를 계발하고 그 지적지평知的地平을 확장해 온 것이다. 먼저 자기 계발, 그것은 수필이라는 한 문학 장르를 통해서 부단히 이어졌고 마침내 오늘 이 ≪소울메이트의 여정≫이라는 열매를 맺었다. 다음은 그의 지적지평의 확장, 우선 그 출발을 보자.

1960년대에 다녔던 백양로(연세대의 한 상징 – 필자)의 길은 아득히 멀고 땅은 질었다. "애인은 없어도 장화는 있어야지."

우리는 이런 농담을 하며 부지런히 걷고 또 뛰었다. 4·19 데모와 학내시위 때문에 수업은 결강이 많았지만, 우리는 캠퍼스의 숲 속에서 헤겔의 변증법을 논하고 헤세와 구르몽의 시를 읊었다.

언제부터인가 나는 무조건 앞으로 나아가는 삶을 살고 싶어 했다. 그것은 다양한 경험의 세계를 희구하면서……
— 〈행복 그리고 사랑〉

학생시절 그는 헤겔의 변증법을 논하고 헤세와 구르몽의 시를 읊는다. 그런 바탕에는 다양한 경험에 대한 그의 희구가 놓여 있다. 그의 그런 희구는 멈출 줄을 모른다. 사르트르를 불러오고(행복 그리고 사랑), 생텍쥐페리를 끌어오고(아버지와 아들) 토인비를 찾아낸다(에게 해의 추억). 그런가 하면 논어(論語-子游問孝)를 들어 효孝를 말하고(청국장 냄새 봄바람 타고) 반야심경般若心經-色卽是空, 空卽是色을 들어 생사일여生死一如를 말하기도 한다(위와 같은 글). 나는 그의 〈음악회 유감有感〉을 읽기 전까지는 그의 음악에 대한 조예가 그리 깊은 줄을 미처 알지 못했다. 그의 지적지평의 확장을 위한 노력은 아직 끝나지 않았다. 지금도 남편과 함께 어느 박물관엘 가 불교의 금속공예에 관한 강의(박물관 소묘) 외에 또 무슨 강의인가를 듣고 있을 것이다.

그러나 고계자가 만일 여기서 머문다면 그는 지知로 충만한 여성으로서 주위의 존경은 받을 수 있겠지만 정情 있는 수필가로서의 사랑은 받지 못할 것이다. 다음은 내가 뜨겁게 수긍을 보내는 그의 글 중 한두 예다.(* 이하 잔글씨는 본문을 요약한 것)

* 큰아이가 초등학교 5학년 때 그의 LABO 활동으로 일본 아이가 우리 집에 와 한 달 머물다 간 일이 있다. 토모나리, 히로시마에서 온 그 아이는 퍽 영특했다. 물론 말은 통하지 않았다. 나는 그 아이가 불편하지 않도록 세심히 배려했다. 그리고 두 아이들이 오고가고 20년, 토모나리가 우리 부부를 초청했다. 우리는 그의 초청에 응해 융숭한 대접을 받았다.

헤어지는 히로시마의 마지막 야경, 호텔 스카이라운지에서 서로 술잔을 부딪치며 우리는 이별의 아쉬움을 달랬다. 눈가에 눈물이 가득한 채 토모나리가 우리에게 살며시 속삭였다.

"아버지, 어머니, 건강하세요."

그 말을 듣고 난 마음속으로 너도 나의 착한 아들이 되었구나 하는 생각에 눈시울이 뜨거워졌다.

― 〈히로시마의 정〉

* 병원에 가 검사를 받은 지 며칠 후 결과를 보러 남편과 함께 그 병원엘 갔다. 갑상선암이니 빨리 수술을 받으란다. 가장 얌전한 암이어서 걱정할 것 없다고들 하지만 죽음에 대한 상념이 많아지는 것은 어쩔 수가 없다. 만일에 수술이 잘못 되면 내가 준비할 게 무언가 등―.

창가에 앉아 저녁노을을 바라본다. 어쩜 저렇게 아름다울 수 있을까. 저녁노을은 점점 대지를 덮으며 다가오는 어둠 속에 서서히 모습을 감춘다. 바라보는 동안 불빛과 별빛이 하늘에 가득하다. 저녁노을을 보는 것은 어깨의 짐을 내려놓는 연습을 하는 것이다.

― 〈노을을 보며〉

우선 첫째 글, 건강하시라고 속삭이는 일본인 청년 토모나리, 그 말 듣고 눈시울이 뜨거워지는 한국인 여인, 그들은 어느새 국경도 민족도 다 초월하여 아들이 되고 어머니가 된다. 읽는 사람도 저절로 눈시울이 뜨거워진다. 다음은 둘째 글, 어깨의 짐을 내려놓는 연습이라니, 죽음을 예비한다는 뜻인가? 저녁노을을 바라보며 죽음을 생각하는 주인공의 모습이 짠하게 다가온다. 내가 그의 글에 뜨거운 수긍을 보내는 것은 이런 눈시울 뜨거워지는, 이런 짠한 페이소스가 있기 때문이다.

소울메이트론論

나는 위에서 고계자를 3인칭으로 칭할 때 '그'라고 했다. 그러나 이제는 '소녀' 또는 '그녀'라고 해야겠다. 그녀의 남자 소울메이트를 '소년' 또는 '그'라고 해야 하기 때문이다. 자, 그건 그렇고, 대체 soul-mate가 무슨 뜻인가? 그 사전적 의미는 사랑하는 아내(또는 남편)지만 이 책에서는 말 그대로 영혼靈魂을 함께하는 벗, 이런 뜻으로 쓴 듯하다. 나는 옛날 어디선가 결혼結魂이란 말을 들은 일이 있다. soul-mate와 가장 가까운 뜻이 아닐까 싶다.

이 책에는 소울메이트를 말한(제목에 쓴) 글이 두 편 있다. 〈소울메이트의 여정(고계자)〉과 〈클래스메이트에서 소울메이트로(김상호)〉다. 이 두 편을 읽으면 그들 둘의 그 소울메이트에 이르는 여정이 한눈에 들어온다. 다음은 내가 그 여정을 요약, 재구성해 본 것이다.

6·25 때 서울 사는 소녀는 초등학교 3학년, 그 부모를 따라 마산으로 피난을 갔다. 소년의 아버지가 그의 집 바로 앞에 집 한 채를 마련해 주어 소녀의 가족들은 거기서 살았다. 소년과 소녀는 같은 반의 클래스메이트, 매일 아침 함께 학교엘 갔다. 소년은 소녀의 단발머리에 총명, 단아한 얼굴이 좋았고, 소녀는 소년이 늘 자기를 배려해 주는 것 같아 그를 따랐다. 학교가 끝나면 둘은 또 헤어지지 않고 함께 놀았다.

그러다 5학년 때 소녀는 소년의 곁을 떠났다. 아버지가 전근이 된 것이다. 소녀는 그 후 청주를 거쳐 대전에서 중학교를 마치고 서울에 돌아와 고등학교를 다녔다. 그 사이 둘은 서로 편지를 주고받았다. 사진도 교환했다. 그러다 고1이던 겨울, 소년이 문득 소녀 앞에 나타났다. 둘은 서로 손을 잡고 5년 만의 재회를 기뻐했다. 눈을 밟으며-. 그 후 소녀는 연세대 행정학과에, 소년은 고려대 상과에 진학, 다시 만나게 되었다. 그들의 대학시절에 관해서는 내가 아는 바 없다. "혼란한 대학시절이었지만 명동과 무교동에서 막걸리로 갈증을 풀어가며…."라는 그의 말을 통해 짐작할 뿐이다. 그리고 둘은 결혼, 세 자녀의 부모가 되었다.

살아오는 동안 고계자의 삶이 늘 평탄치만은 않았다. 스스로 꿈(여성지도자로서의 사회적 위치를 찾고자 하는)을 포기한 데 대한 회한, 남편의 실패 등등. 다음은 그 가장 힘들었던 하나다.

　* 남편의 종합검진, 암(전립선) 세포가 발견되었다. 늘 건강하고 밝은 얼굴로 운동도 열심히 하는 그에게 암 세포라니 그건 참 청천의 벽력이었다. 대학병원 담당 의사와 상의를 하고 드디어 수술을 받게 되었다.

　수술이 시작된 그날, 나는 보호자 대기실에 조용한 마음으로 앉아 기다릴 수가 없었다. (중략) 나는 더욱 초조했다. 병원 지하의 교회에 내려가 간절히 아주 간절히 나는 그의 수술이 성공할 것을 빌었다. 생生과 사死의 갈림길에서 벌일 남편의 사투死鬪를 생각하며 나의 모든 것을 포기하더라도 그의 생명만은 연장시켜 달라고 애원했다.
　　　　　　　　　　　　　　　　　－ 〈살아간다는 것〉

　나의 모든 것을 포기하더라도, 이 한 마디가 참 감동적이다. 하나님께서는 그녀의 기도를 외면치 않으셨던가, 이 글은 다음과 같이 끝맺는다.

　"나 다녀왔어."

오늘도 그는 땀을 뻘뻘 흘리며 라켓을 들고 들어온다. 구수한 땀 냄새가 내 후각을 자극하지만 열심히 생의 발걸음을 떼는 그의 모습을 나는 진정으로 사랑한다. 당신을 사死의 골짜기에 빼앗기지 않았다는 그 사실에 나는 행복하다.

참 행복해 보인다. 이 행복한 여인의 소울메이트는 지금 어디 있는가? 아, 저기 그의 목소리가 다정하게 들려온다.

지금도 어린 시절의 그 단발머리 헤어스타일은 여전하다. (중략) 오늘도 부엌에서 콧노래를 부르며 즐겁게 음식을 장만하는 아내의 모습은 아름답고 건강해 보인다. 단발머리 소녀가 단발머리 할머니가 되어 오늘도 하루하루에 만족하며 살아가고 있다.
내일을 걱정하지 않는 할머니가 틈틈이 시간을 쪼개어 쓴 글을 한데 모아 책을 편다니 정말 대견스럽다. 등단한 지 오래 되었지만 늦게라도 한 권의 책으로 모아 출간하게 되어 정말 축하해 주고 싶다. 한데 어울려 한 편의 인생 드라마를 펼치며 클래스메이트에서 소울메이트로 살아갈 것을 맹세합시다.
다시 한 번 책 펴냄을 축하하오. 남편.

― 김상호, 〈클래스메이트에서 소울메이트로〉

이 소울메이트 역시 퍽도 행복해 보인다. 이제 이 논論을 마쳐야겠다. 고계자의 결론 한 마디 더 듣고. 그녀는 지금 남편의 고등학교 동창회에서 합동으로 치른 칠순연에 함께 다녀오는 길이다. 맞다. 부부가 나이 들면 측은지심惻隱之心, 연민憐憫의 정情으로 사는 게다.

> 그와 같이 더불어 산 삶이 45년, 이제는 서로 측은지심惻隱之心을 가지고 산다. (중략) 클래스메이트로 만나 소울메이트로 변화하면서 쌓아진 온갖 희로애락의 두께, (중략) 소울메이트의 마지막 여정의 발걸음을 옮기며 둘이 꼭 손을 잡았다.
> － 〈소울메이트의 여정〉

한두 가지 첨언록添言錄

고계자를 위한 서序, 소울메이트론論, 나는 처음에 이 두 편으로 내 축하하는 글을 마치려 했다. 그런데 그러려고 하니 뭔가 많이 미진했다. 그게 뭘까? 나도 그게 뭔지 잘 모르겠다. 그냥 생각나는 대로 적어 보겠다.

우선 그 하나, 시아버님－.

현관문을 밀치고 들어서는데 난의 향기가 그윽하다. 발걸

음도 경쾌하고 느끼는 감촉도 사뭇 다르다. (중략)

　난의 향이 집의 거실을 가득 채우면 하나의 행사가 찾아온다. 시골에 계시는 시아버님을 비롯하여 모든 친척들이 모여 치르는 가장 큰 행사인 시어머니의 제사다. 이 제사를 지내기 위해 나는 해마다 삼월이 되면 마음이 분주하다. 미리 생선을 말리고 시장을 몇 번씩 다니며 준비를 하고 가장 중요한 지방紙榜과 축문祝文도 쓴다.

　* 30여 년 전 내가 처음 시집왔을 때 시아버님은 내게 지방 쓰는 법, 축문 쓰는 법을 가르쳐 주셨다. 나는 제사 때마다 목욕재계하고 경건한 마음으로 글씨를 썼다. 어느덧 40년 가까이 모셔 온 제사, 주위의 친척이나 친구들은 내가 좀 모자라서, 생각이 부족해서 꼬박꼬박 제사를 지낸다고 했다. 그러나 정성껏 제물을 준비하고 차려내는 그 속에 조상에 대한 나의 마음도 모두 응고되어 있었다.

　이런 제사를 접은 지도 2년이 되었다. 주위의 친척들이 기독교로 개종改宗을 해서 나 역시 따르다 보니 선조들의 뜻을 거스르는 것 같아 항상 죄송하다. 봄이 되어 난의 향기가 거실을 가득 채울 때 돌아오는 제사에 압박을 느끼며 난 항상 편안하지 못한 마음으로 일상을 보낸다.

추모追慕예배를 드리면서도 축문과 지방 쓰는 법을 가르쳐 주시던 시아버님의 환상에 마음이 불편하다.
                            　　　　　　　　　　　　　　－〈제사〉

　선조, 시아버님을 생각하는 고계자의 고뇌가 잘 드러나 있다. 그러나 제사를 못 모신다 해서 걱정할 것은 없을 것 같다. 어느 선조든 시아버님이든 고계자가 고뇌하는 것으로써 충분히 제사를 받으셨을 테니까.
　다음은 그 둘, 친정아버지 - .

　구수한 청국장 냄새가 불어오는 봄바람을 타고 온 집안에 가득하다. 보글보글 끓어 넘치는 멸치 국물에 두부를 넣고 파를 써는데 자꾸만 눈물이 흐른다. 남편과 아이들을 위해 열심히 준비하는 저녁 식탁이지만 아버지 생각에 한편 가슴이 텅 빈 것같이 저며드는 슬픔을 느꼈다.
　아버지께서 그렇게 좋아하시던 된장찌개를 한 번 더 따뜻하게 끓여 드리지 못한 자책감이 나를 더욱 우울하게 한다.

　* 우리 형제자매는 모두 열둘이다. 어머니가 여덟째를 낳고 돌아가시자 새어머니가 와 넷을 더 낳으셨다. 아버지는 이

열두 남매를 기르시느라 참으로 노심초사, 기도를 거르지 않으셨다. 남편이 사업에 실패했을 때 용기를 북돋우시고 남편이 재기했을 때 내 곁에서 조용히 바라보시던 아버지, 그 아버지가 얼마 전에 돌아가셨다. 아버지의 위패는 절에 모셨다.

아버지를 뵙기 위해 주일마다 절엘 간다. (중략) 절에 모신 사진을 뵈올 때마다 가슴이 저미도록 아프다. 부디 극락세계에서 편안히 왕생하시기를 기구한다. (중략)
집안 가득 차 있던 청국장 내음이 환기통을 통해 거의 다 빠져 갈 즈음, 나도 가슴에 꽉 차 있던 아버지의 환상으로부터 깨어난다. 그렇게 생전에 즐겨 잡수시던 청국장찌개 냄비에 아버지의 얼굴이 어리자 울음이 북받친다.
― 〈청국장 냄새 봄바람을 타고〉

이 세상 어느 딸인들 안 그러랴만, 친정아버지에 대한 고계자의 슬픈 그리움이 절절하다. 어찌 열두 남매를 그리 훌륭히도 기르셨을까? 나도 삼가 고인의 명복을 빌까 한다.
이 책 마지막 장 '가족'에는 그 부군의 글 이외에도 그 아드님, 따님, 시누이님의 글들이 실려 있다. 하나같이 고계자에 대한 사랑으로 충만해 있다. 부럽다.

나는 지금까지 고계자의 첫 수필집 ≪소울메이트의 여정≫의 출간을 축하한다면서 몇 마디 말해 왔지만, 이는 실로 이 책을 읽은 한 독후감에 불과하다. 예민한 독자는 나의 이 글과 관계없이, 이 책을 통해 고계자의 삶과 그 내면세계의 더 깊은 데를 찾아내며 글 읽는 즐거움을 누릴 것이다.

고계자 수필집
소울메이트의 여정

인쇄 / 2013년 2월 20일
발행 / 2013년 2월 26일

지은이 / 고 계 자
발행인 / 서 정 환
발행처 / 수필과비평사

출판등록 / 1984년 8월 17일 제28호
주   소 / 서울시 종로구 익선동 30-6
　　　　　운현신화타워 빌딩 3층 301호
전   화 / (02) 3675-5633, (063) 275-4000
팩   스 / (063) 274-3131
E-mail / essay321@hanmail.net

값 11,500원

ISBN 978-89-98524-21-0 03810

※ 저자와 협의, 인지는 생략합니다.
※ 잘못된 책은 바꿔 드립니다.